Lo que usted necesita saber sobre FE y ORACIÓN

Autor:

Laércio P. Zimmermann

Coautor, Edición y Revisión:

Samuel F. Zimmermann

1ra Edición — Diciembre/2024

Colección de Estudios Bíblicos

www.EntendaABiblia.com

Datos Internacionales de Catalogación en la Publicación (CIP)

Z73q Zimmermann, Laércio Paulo; Zimmermann, Samuel
de Freitas

Lo que usted necesita saber sobre FE y
ORACIÓN / Laércio Paulo Zimmermann; Samuel
de Freitas Zimmermann. 1ed. — Juiz de Fora,
MG, Brasil, 2024, 144p.

ISBN: 978-65-01-26057-0 (Libro Físico)
ISBN: 978-65-01-26056-3 (Libro Digital)

1. Vida cristiana 2. Doctrina bíblica
3. Esclarecimiento espiritual 4. Oración
5. Fe I. Título II. Oración III. Fe

CDD 251
CDU 2-475

Prefacio:

Desafortunadamente, a la mayoría de las personas no se les ha enseñado desde la niñez la importancia que las Sagradas Escrituras tienen en sus vidas. Debido a la falta de instrucción y de conocimiento de la Palabra de Dios, muchos están experimentando una vida de sufrimiento, enfermedad, dolor, infelicidad y desilusión. Y entre estas personas, pocos han podido encontrar la salida, la liberación para todo esto, aunque esto está al alcance de todos los que lo deseen.

Toda clase de males que atacan a la humanidad suceden porque todos tenemos enemigos espirituales, invisibles a nuestros ojos, demonios que luchan día y noche en un intento de destruirnos y llevarnos a la perdición eterna, que ya les está reservada. Y estos demonios saben que su tiempo se está acabando.

"Ahora ha venido la salvación, y la virtud,
y el Reino de nuestro Dios, y el poder de su Cristo;
porque el acusador de nuestros hermanos es ya derribado,
el cual los acusaba delante de nuestro Dios día y noche.
Y ellos le han vencido por la sangre del Cordero,
y por la Palabra de su testimonio;
y no han amado sus vidas hasta la muerte.
Por lo cual alegraos, cielos, y los que moráis en ellos.
¡Ay de los moradores de la tierra y del mar!
Porque el diablo ha descendido a vosotros,
teniendo grande ira, sabiendo que le queda poco tiempo."
— Apocalipsis 12:10-12 —

Se estos demonios, así como verdaderos criminales, encuentran una brecha para entrar en nuestras vidas, y no son combatidos con PODER y AUTORIDAD, seguirán actuando libremente y causando todas las desgracias que puedan.

Y la brecha que usan los demonios se llama PECADO. Fue por el pecado, por la desobediencia al mandato divino, que los primeros seres humanos empezaron a morir, y fueron expulsados de un lugar maravilloso que había sido creado especialmente para ellos.

Incluso hoy, nuestra vida puede ser maravillosa, siempre y cuando empecemos a escuchar lo que nuestro Padre Celestial tiene para decirnos, y comencemos a actuar de acuerdo con lo que Él nos enseña. Y el secreto para que tomemos posesión de todas las bendiciones que el Altísimo nos ha prometido es aprender a usar nuestra FE, de la manera correcta, y aprender a actuar con autoridad en el mundo espiritual, a través de la ORACIÓN.

"... La Palabra está cerca de ti, en tu boca y en tu corazón;
es decir, la palabra de fe que predicamos. Porque si confiesas
con tu boca a Jesús por Señor, y crees en tu corazón que Dios
le levantó de los muertos, serás salvo; porque con el corazón
se cree para justicia, y con la boca se confiesa para salvación.
Porque la Escritura dice: Nadie que crea en él será confundido."
— Romanos 10:8-11 —

La Palabra de Fe, que predicaron los discípulos de Cristo hace dos milenios, siempre ha dado fruto y nos ha llegado hasta hoy, cumpliendo así la Santa Palabra del Eterno que fue dicha al profeta Isaías:

"Así será mi Palabra que sale de mi boca:
no volverá a mí vacía, mas hará lo que yo quiero,
y será prosperada en aquello para que la envié."
— Isaías 55:11 —

¡Sí, la Palabra de Fe! La Palabra que puede dar vista a los ciegos, sanar a los enfermos, resucitar a los muertos, paralizar todas las obras del diablo y expulsar los demonios de nuestra vida y de nuestros dominios, es acerca de esta Palabra de Fe que vamos a tratar en esta obra literaria, donde, basados íntegramente en las Sagradas Escrituras, estudiaremos lo que debemos hacer para tomar posesión de todo lo que Dios tiene preparado para nosotros, y veremos que para que nuestras oraciones sean escuchadas por nuestro Padre Celestial no se necesita mucho esfuerzo, ni mucha insistencia.

De hecho, nuestro Creador se complace en atendernos. Sí, Él quiere escuchar tu oración, así como quiere que tú lo escuches. En el momento en que entiendas que Dios te ama, y que todo lo que Él necesitaba hacer por ti ya se ha hecho, y que ahora solo te queda asumir tu posición como hijo, hija de Dios, entonces comenzarás a disfrutar de los resultados de tus oraciones.

Yo también quiero saber qué tienes que decir sobre esta obra literaria, y qué tan útil fue para usted. Cuando termines de leer este libro, por favor tómate unos minutos para enviarnos tus comentarios. Envíe su mensaje por correo electrónico a:

editora@entendaabiblia.com

Recuerde ingresar su nombre, la ciudad y el país donde vive y el título o ISBN de este libro. Espero que te guste lo que verás a continuación.

Les deseo una gran lectura,

Samuel F. Zimmermann

Sumario:

Capítulo 1:

Capítulo 2:

Capítulo 3:

Capítulo 4:

Capítulo 1:

TODO LO QUE PIDAS EN ORACIÓN,
CREE QUE LO RECIBIRÁS, ¡Y LO RECIBIRÁS!

El Señor Jesucristo enseñó que todo lo que pidamos en oración, si creemos, lo recibiremos. En el evangelio de Marcos está escrito que Jesús dijo a sus discípulos:

"Por eso os digo, todo lo que pidiereis en oración,
creed que lo recibiréis, y lo tendréis."
— Marcos 11:24 —

Y eso significa que cualquier cosa que necesitemos, podemos traer a la realidad a través de la oración. Jesús dijo "todo", pero muchas personas no están logrando nada. ¿Por qué? Porque simplemente no están prestando atención a un detalle muy pequeño, muy simple, pero extremadamente importante. Preste atención nuevamente a lo que está escrito:

"Por eso os digo,
todo lo que pidiereis en oración,
creed que lo recibiréis, y lo tendréis."

Entonces, la razón por la cual nuestra oración muchas veces falla es esta: la persona dice que cree, pero en muchos casos, en el fondo del corazón, hay una incertidumbre, una duda.

<u>ES POR ESO QUE MUCHAS ORACIONES
NO ESTÁN SIENDO RESPONDIDAS</u>

Santiago, hermano de nuestro Señor Jesucristo, escribió diciendo que el que duda es como una ola del mar, sacudida por el viento, arrojada de un lugar a otro. Esa persona ni siquiera tiene que pensar que va a conseguir algo, porque no lo hará. Es una persona inconstante... Una hora cree; en otro momento duda. Esa persona nunca recibe nada.

<u>¡LO QUE LE FALTA A MUCHAS PERSONAS ES SABIDURÍA!</u>

El Señor Dios habló por boca del profeta Oseas, que Su pueblo está siendo destruido porque les falta el conocimiento de la Palabra de Dios. Y la culpa de que esto suceda es de los sacerdotes, que en lugar de predicarles la Verdad, lo que está en las Sagradas Escrituras, estos están más interesados en servirse a sí mismos a expensas del pueblo.

Vea lo que Dios le dijo al profeta Oseas. Está escrito así:

"... ¡El SEÑOR tiene una grave acusación que proclamar
contra el pueblo que habita en esta tierra;
porque no hay verdad, bondad, compasión, misericordia,
justicia, ni conocimiento de Dios en la tierra!

Todo lo que aparece y se destaca es maldición,
mentira, asesinato, robo, hurto, adulterio, traición;
¡transgresiones mucho más allá de los límites!
La violencia y el derramamiento de sangre aumentan sin cesar.

Por eso la tierra árida está de luto,
y todos sus habitantes desfallecen; los animales del campo,
las aves del cielo y los peces del mar se están extinguiendo.

*Sin embargo, que nadie se atreva a levantar
una palabra de censura ni de represión contra mi pueblo,
porque mi acusación es contra vosotros, ¡oh sacerdotes!*

***(...) He aquí, mi pueblo se arruina
por falta de conocimiento de la Palabra.***

*Porque fuiste negligente en la enseñanza,
Yo también te rechazaré,
para que ya no seáis sacerdotes para mí;
ya que te has olvidado de la Torá, la Ley de tu Dios,
he aquí, yo también ignoraré a tus hijos.*

*Cuanto más se multiplicaba el número de sacerdotes,
cuanto más pecaron contra mi persona;
cambiaron la Gloria que les pertenecía
por algo que sólo les trae vergüenza y humillación.*

*Estos se alimentan de los pecados de mi pueblo
y desean íntimamente que hagan el mal,
y cada vez más.*

*Por tanto, reprenderé severamente tanto al pueblo
como los sacerdotes por los caminos que eligieron,
y Yo les pagaré conforme a todas sus obras."*
— Oseas 4:1-9 —

Lo que le falta a mucha gente es sabiduría. No la sabiduría humana, **sino la sabiduría que viene de Dios** a través del conocimiento de las Sagradas Escrituras. Porque sin esa sabiduría oramos como cualquier otro religioso.

A propósito, los religiosos no oran, ellos rezan.

<u>ORAR Y REZAR... ¿CUÁL ES LA DIFERENCIA?</u>

Las personas religiosas tienen la costumbre de rezar antes de dormir, rezar al despertar y rezar cuando se encuentran en dificultades, pero todo esto es en vano, porque como dije, esta gente no ora, ¡reza! Los religiosos simplemente repiten palabras memorizadas, y repiten por repetir; no hablan con Dios, no le abren el corazón, sino que se recitan a sí mismos o a sus ídolos de madera, o de yeso, o a alguna entidad que imaginan intercederá por ellos.

Estas personas no conocen la Biblia, no conocen al Dios de la Biblia, y ni siquiera les importa en conocer. Ellos no leen las Sagradas Escrituras, y por lo tanto no tienen fe.

El Eterno continuó diciendo por boca del profeta Oseas:

"Comerán, pero no se saciarán; se entregarán
a los dioses de la fertilidad, pero no darán descendencia,
porque han dejado a Dios y se han entregado
a la inmoralidad sexual, al vino añejo y al vino nuevo,
echando a perder el discernimiento
y la sensatez de mi pueblo.

He aquí, mi pueblo ha consultado ídolos de madera,
y de un trozo de madera creen recibir respuestas.

Pues un espíritu de prostitución los seduce;
y ellos, prostituyéndose, se apartan y abandonen
a su Elohim, a su Dios."
— Oseas 4:10-12 —

¡La fe viene por el oír, y el oír por la Palabra de Dios!

La Sagrada Escritura dice en Romanos 10:17 que la fe viene por el oír. Esto significa que sólo cuando escuchamos la predicación de la Palabra de Dios y permitimos que el Espíritu Santo hable a nuestro corazón, es que la fe surge dentro de nosotros. Porque cuando creemos en la predicación, surge en nuestra alma esa certeza de que el Dios que hizo milagros y grandes prodigios en el pasado es poderoso y perfectamente capaz de obrar en nuestras vidas hoy.

Sin escuchar la predicación de la Verdad, es difícil que una persona tenga fe, porque la fe es la certeza, la confianza plena de que Dios no miente y siempre cumplirá lo que ha prometido.

La mayoría de la gente dice: *"¡Ay, yo tengo mucha fe en Dios!"*, pero no tienes... Esta persona ni siquiera sabe en lo que ella cree, porque no sabe nada de la Palabra de Dios. Ella no sabe cuál es la voluntad de Dios y ni siquiera sabe lo que Dios ha prometido hacer en su vida. Entonces, ¿en qué está creyendo una persona así? ¿Cómo puede una persona tener fe en Dios si no sabe nada acerca del Eterno?

¿La persona tiene fe en la muñeca? ¿En la estatua? ¡La muñeca no hace nada! La estatua no hace cosa alguna. Ni uno ni otro son capaces de moverse con sus propias piernas... Necesitan que alguien los lleve de un lugar a otro. ¿Cómo van a hacer algo por alguien?

Si la persona dice: *"Tengo mucha fe en la señora Fulana de Tal..."*, pero yo pregunto, ¿cuál señora? ¿En qué parte de la Biblia está escrito que hay una señora en el cielo? Personas que no respetan al Eterno inventaron esto y mucha gente lo está creyendo, por no saber lo que dicen las Sagradas Escrituras, y por no saber que Dios aborrece tal práctica.

SEA ESPECÍFICO EN SUS PETICIONES

Otra cosa muy importante es pedirle a Dios sabiduría, para que cuando vayamos a orar no nos andemos con rodeos. Tenemos que ser objetivos en nuestras peticiones, porque solo así obtendremos resultados. Tu oración solo funcionará cuando aprendas a ser específico sobre tu necesidad.

Orar es como ir de compras al supermercado. Si tú entras al supermercado sin saber exactamente lo que necesitas, además de perder mucho tiempo empujando el carrito por los pasillos, terminas comprando cosas que no necesitas. Pero si tú tienes una lista preparada, si haces una lista de lo que necesitas antes de salir de casa, no pierdes el tiempo. Y además, no desperdicias tu dinero.

Y NUNCA DESPERDICIE SUS ORACIONES

La oración de la persona que cree en la Palabra de Dios es una oración poderosa. Y no podemos desperdiciar el poder que el Señor nos da, orando por orar, simplemente orando... Como si fuera la hora de dormir, entonces voy a orar... O cuando me despierte, voy a agradecer a Dios... No está mal decir gracias. Pero eso es algo rutinario y la oración que funciona no es esa.

No se puede orar por orar, sin saber lo que se va a pedir, o sin saber de lo que se va a hablar con Dios. Es necesario que usted sea una persona decidida, que sepa lo que quiere, lo que necesita, y usted tiene que ser específico ante Dios: *"Yo necesito esto, yo quiero esto, porque el Señor me ha prometido esto, y esto es lo que necesito."* De lo contrario estaremos perdiendo el tiempo y tomando el Nombre de nuestro Dios Vivo en vano.

Es mucho más valioso para ti hacer una oración objetiva que dure solo dos minutos que orar durante dos o tres horas sin saber lo que estás diciendo.

"No permitas que tu boca hable apresuradamente,
ni que tu corazón te impulse a hacer promesas ante Dios.
Porque Dios está en el cielo, y tú solo vives en la tierra;
sean, pues, pocas y correctas tus palabras."
— Eclesiastés 5:2 —

Un día de estos vi el lanzamiento de un libro del que ni siquiera diré el nombre, pero que enseña a la gente a seguir rezando el rosario, haciendo novena, repitiendo las mismas letanías muchas veces, y no sé qué más... ¡Pérdida de tiempo! Te pasarás todo el día haciendo esto y no lograrás nada, porque todo esto es invención del hombre. Si no quieres ser engañado, ¡necesitas conocer la Biblia!

LOS TRES PASOS PARA OBTENER RESULTADOS EN LAS ORACIONES

» Primer paso: Tenga fe en Dios. ¡En DIOS!

Para obtener resultados de nuestras oraciones necesitamos tener fe en Dios. Si, **TENER FE EN DIOS!** No es tener fe en la señora, no es tener fe en el santo, no es en los espíritus de los antepasados, ni en los que consultan a estos espíritus, ¡en nada de eso! Tú necesitas firmar tu fe únicamente en Dios, el creador de los cielos y la tierra. Jesús dice:

"¡Tened fe en Dios!"
— Marcos 11:22 —

» Segundo paso: La oración es como una audiencia en la corte.

Antes de hacer tu oración, es necesario definir bien lo que quieres, para no perder su tiempo ni tomar en vano el tiempo de Dios, porque la oración es como una audiencia en la corte. Si vas a la presencia del juez para contar chistes o a bromear, él te echará, y eso si no te hace arrestar, porque le haces perder su tiempo inútilmente, y ni siquiera querrá escucharte.

Entonces, ¿cuánto más importante es nuestro Dios que un juez, un simple mortal? Por esto digo, necesitas venir ante Dios ya decidido, sabiendo cuál es Su Palabra, sabiendo lo que Él te ha prometido, conociendo tus derechos, sabiendo cuál es Su voluntad en tu vida, y lo que necesitas de Él. Tienes que definir bien esto: **qué quieres que Él haga por ti.**

» Tercer paso: ¡Es a través de la Palabra de Dios que llegamos a Dios!

Si eres una persona que aún no está segura de tus oraciones, si oras y no estás viendo la respuesta, el problema está en ti, no en Dios. Dios no tiene problemas. Y Él tampoco quiere que tú los tengas. Por eso, cuando Él se apareció a Abraham, le dijo:

"Yo soy el Dios Todo-Poderoso;
anda en mi presencia, y sé perfecto."
— Génesis 17:1 —

Todo el que anda en la presencia de Dios es perfecto en la fe. ¿Y cómo yo camino en la presencia de Dios? Manteniendo comunión con Él a través de la Palabra.

Sólo es posible tener comunión con el Padre a través de su Hijo unigénito, Jesucristo, que es nuestro Señor. No hay otra manera. Jesús es la Palabra de Dios.

Jesús dice:

*"Yo soy el camino, y la verdad, y la vida.
Nadie viene al Padre, sino por mí."*
— Juan 14:6 —

Mi oración no alcanza a Dios si no es por la Palabra de Dios. Si yo abrir mi boca para decir un montón de tonterías, un montón de cosas que me enseñaron, o sigo repitiendo un montón de palabras memorizadas, eso no me llevará a Dios.

Jesús dice: *"nadie viene al Padre, sino por mí"*. ¿Quien es Jesús? **Jesús es la Palabra de Dios**. Nadie va al Padre si no es por la Palabra. Si no oro conforme a la Palabra de Dios, mi oración no llegará a Dios.

El dice: *"Yo soy el camino"*. No hay otro camino para si llegar al Todo-Poderoso. Solo la persona que escucha esto y no entiende lo que Jesús está diciendo es la que no obtiene la victoria en la oración.

Jesús está diciendo que la única manera de comunicarse con el Padre es a través de la misma palabra del Padre, que es Él, Jesús. Cuando Jesús dice *"Yo soy el camino"* Él estaba afirmando que la Palabra de Dios es el camino, porque Jesús es la Palabra de Dios en su forma eterna. No el hombre, no el ser humano.

Este es el tercer paso para que tu oración tenga éxito, y debes entender esto, **que es por la misma Palabra de Dios que te acercas a Dios.** No es mirando a la estatua, no es mirando a la muñeca, no es encendiendo una vela, no es haciendo ningún ritual... ¡Nada de eso! Es mirando la Palabra de Dios, meditando en la Palabra, que es el mismo Señor Jesús.

Es por la Palabra, por lo que está escrito, por lo que habéis aprendido de las Sagradas Escrituras, que usted llega delante de Dios, con fe en vuestro corazón, en la certeza de que Él es fiel y cumplirá todo lo que ha prometido. Solo de esta forma es que usted tendrá contacto con el Todo-Poderoso, con Aquel que es perfectamente capaz de solucionar todos vuestros problemas. Pero, recordando, yo necesito fortalecer mi fe, estando siempre en contacto con el Padre.

LA SANTÍSIMA FE

El Altísimo habló a Josué diciendo:

"El libro de esta ley nunca se apartará de tu boca;
antes de día y de noche meditarás en él, para que guardes
y hagas conforme a todo lo que en él está escrito;
porque entonces harás prosperar tu camino,
y entonces todo lo entenderás."
— Josué 1:8 —

Pero, ¿a qué libro se refería Dios? La Biblia, es decir, las Sagradas Escrituras. La forma de caminar con Dios es estar siempre en la Palabra. La orden fue clara: "¡*El libro de esta ley nunca se apartará de tu boca; antes de día y de noche meditarás en él!*"

Para que mi oración funcione, es necesario que se haga con fe. Pero no en la fe que el mundo dice tener, sino en esa fe que Judas, no el Iscariote, no el que traicionó a Jesús, sino el apóstol del Señor, el otro Judas, en esa fe que recomendaba en su carta , que nos edificamos en ella. Judas dijo:

"Pero vosotros, amados,
edificándoos sobre vuestra santísima fe,
orando en el Espíritu Santo, conservaos en el amor de Dios,

En otras palabras, Judas nos exhortó a edificarnos sobre la **<u>SANTÍSIMA FE</u>**, la fe que tiene como base, como fundamento, la **<u>PALABRA DE DIOS</u>**. Esta es la Santísima Fe, porque nadie puede poner otro fundamento, como dijo el Apóstol Pablo, que el que ya está puesto, el cual es Jesucristo (1 Corintios 3:11).

Entonces, como dije, para que su oración funcione, debe hacerse con fe. Y escrito está (Romanos 10:17) que la fe viene por el oír, y el oír por la Palabra de Dios. Entonces la fe viene cuando escuchamos la voz de Dios, y Dios nos habla a través de su hijo Jesucristo. No es de otra manera que Dios me habla. Dios me habla a través de Jesucristo.

<u>PERO, ¿QUIÉN ES JESUCRISTO?</u>

Vea lo que está escrito:

*"En el principio era el <u>Verbo</u>, y el <u>Verbo</u> estaba con Dios,
y el <u>Verbo</u> era Dios. Él estaba en el principio con Dios.
Todas las cosas fueron hechas por medio de Él,
y sin Él nada de lo que ha sido hecho, fue hecho.
En Él estaba la vida, y la vida era la luz de los hombres;
la luz brilla en las tinieblas, y las tinieblas
no prevalecieron contra ella."*
— Juan 1:1-5 —

*"En el mundo estaba, y el mundo por Él fue hecho,
pero el mundo no le conoció. A lo suyo vino,
y los suyos no le recibieron. Mas a todos los que le recibieron,
a los que creen en su nombre, les dio potestad de ser hechos
hijos de Dios.; Los cuales son engendrados, no de sangre,*

ni de voluntad de carne, ni de voluntad de varón, sino de Dios.
Y el <u>Verbo</u> fue hecho carne, y habitó entre nosotros,
y vimos su gloria, gloria como del unigénito del Padre,
lleno de gracia y de verdad."
— Juan 1:10-14 —

Está bien, pero ¿quién es Jesús? Jesucristo es la misma Palabra de Dios — la Biblia. Dios me habla a través de la Biblia, a través de la lectura de las Sagradas Escrituras, a través de la predicación de la Palabra. Así es como Dios te habla a ti y a todos los demás.

Tenga en cuenta que donde se traduce como la palabra "Verbo", en los manuscritos griegos originales la palabra utilizada es **λόγος**, que se translitera *lógos*, y también significa "Palabra".

Cuando estás atento a la Palabra, cuando estás leyendo la Biblia, llega esa inspiración, llega ese entendimiento al corazón, eso es de Dios. Es Dios hablándote, mostrándote lo que quiere de ti, lo que tiene preparado para ti, lo que tiene para darte. Es leyendo la Biblia que comprenderás y recibirás de Dios la revelación de lo que quiere para tu vida. Y una vez que sabes lo que Él tiene preparado para ti, solo tienes que creer y tomar posesión.

Jesucristo es la Palabra de Dios, es el verbo que se hizo carne y habitó en el mundo de los hombres, fue crucificado, muriendo en nuestro lugar, sufriendo el castigo que era por nosotros. Esto es algo que tenemos que entender, porque no necesitamos sufrir más en esta vida. Jesús tomó nuestros dolores, nuestras enfermedades en su cuerpo y pagó el precio de nuestra redención con su sangre. Y cuando resucitó, nos vivificó y nos reconcilió con el Padre. Es decir, nos dio vida de nuevo, porque con el pecado de Adán estábamos muertos espiritualmente.

¡LA CRUZ ES UN SÍMBOLO DE MALDICIÓN!

Cuando Adán pecó, el hombre se separó de Dios. Ya no tenía comunión con Dios como la tenía al principio de la creación. Y toda la humanidad, descendientes de Adán, fue separada de Dios por el pecado, por la desobediencia, por no respetaren el mandato divino. Quedaran bajo maldición.

Y cuando Dios sacó al pueblo de Israel de la esclavitud en Egipto, y los condujo hacia la tierra prometida a Abraham, una tierra que fluye leche y miel, Dios dio ordenanzas al pueblo a través de Moisés: La ley, con sus preceptos, estatutos y juicios. Con bendiciones para los que obedecen la ley, y maldiciones para los que la quebrantan.

Pero es imposible que el hombre guarde toda la ley. Y cuando Jesucristo vino al mundo, nos redimió de todas estas maldiciones, haciéndose maldición por nosotros, como está escrito:

"Cristo nos redimió de la maldición de la ley,
haciéndose maldición por nosotros; porque esta escrito:
Maldito todo el que es colgado en un madero."
— Gálatas 3:13-14 —

Entonces, entiendan que la cruz es un símbolo de una maldición, porque está escrito que todo el que es colgado en un madero es maldito, y Él fue colgado en la cruz. Jesucristo se tornó maldito, para que nosotros pudiéramos ser bendecidos por Dios.

E hizo más, su crucifixión también fue para que los gentiles, es decir, el mundo entero, tuvieran derecho a las bendiciones que Dios prometió a Abraham, por medio de la fe. Y para que, por la fe, recibamos la promesa del Espíritu Santo.

CRISTO NOS COMPRÓ PARA DIOS
CON EL PRECIO DE LA SANGRE

Con su sangre Jesús nos compró para el Padre, y nos hizo reyes y sacerdotes para Dios. Nosotros, los que creemos en Cristo, hemos sido hechos reyes y sacerdotes para Dios. Esto está escrito en el libro de Apocalipsis, hablando de Jesús:

"… porque tú fuiste muerto,
y con tu sangre nos compraste para Dios
de toda tribu y lengua y pueblo y nación;
y nos has hecho reyes y sacerdotes para nuestro Dios;
y reinaremos sobre la tierra."
— Apocalipsis 5:9-10 —

Hay gente que sigue orando, pidiendo *"Dios mío, ten piedad de mí, ayúdame..."*, y no sé qué más..., y la persona se humilla... Está bien, pero ese no es el camino a seguir. Menciono esto porque debes entender que cuando oramos, debemos tener estas dos cosas en mente:

» ¡Jesús dio su vida por ti!

Jesús se hizo maldición por ti y murió en tu lugar. Él tomó sobre su propio cuerpo todo el mal que el diablo puso sobre la humanidad a causa del pecado.

Jesús tomó sobre sí todos vuestros pecados, todas vuestras enfermedades, todas vuestras dolencias, toda vuestra malicia, vuestra maldad, todo lo que te alejaba de Dios, **y pagó el precio de vuestra redención con su propia sangre, para daros el derecho de ser una nueva criatura**. Si tú creer y te aferrar a esta Palabra, serás libre de todo este sufrimiento carnal.

» Jesús te hizo REY y SACERDOTE.

La segunda cosa es comprender que Jesús resucitó para daros nueva vida, para reconciliaros completamente con Dios, y para haceros rey y sacerdote del Altísimo. O sea, fuimos hechos para Dios, reyes y sacerdotes. Como reyes, tenemos la última palabra sobre cualquier asunto que nos concierna.

Entonces, no importa lo que esté pasando. Nosotros somos los que determinaremos cómo se resolverá tal o cual situación. No importa cuál sea la dificultad, cuál sea el problema que me esté atacando... Soy yo quien tomará la decisión final sobre mi vida.

¿Cómo se va a resolver esta situación? Ante Dios determinaré, porque por Él fui hecho rey, y el rey es quien tiene la última palabra sobre su dominio, sobre su reinado. Entonces, como reyes ante Dios, somos nosotros quienes determinaremos la solución a nuestros problemas.

Nosotros también fuimos hechos sacerdotes. ¿Cuál es la misión del sacerdote, el papel del sacerdote? El sacerdote tiene libre acceso al Padre, para entrar ante Él cuando quiera y pedirle lo que quiera. Ahora, tienes que entender que este "pedir" no significa que le vas a estar rogando que te dé algo, ¡no! A vosotros os toca determinar que se haga según Su Palabra, según lo que está escrito en las Sagradas Escrituras.

EL EJEMPLO DE LA HIGUERA MALDITA

El capítulo once de Marcos nos muestra que los discípulos de Cristo estaban asombrados de una higuera que se había secado completamente desde sus raíces. Esa higuera había sido maldecida por Jesús. Entonces el Maestro les dijo lo siguiente:

"Tened fe en Dios."
— Marcos 11:22 —

Los discípulos estaban todos atónitos, porque sabían que Jesús había ido a esa higuera el día anterior en busca de higos para comer, y no había higos allí, porque aún no era el tiempo de los higos, por lo que maldijo a la higuera, diciendo:

"Nunca más coma nadie fruto de ti para siempre.
Y lo oyeron sus discípulos."
— Marcos 11:14 —

Y los discípulos se asombraron cuando vieron que la higuera se secó por completo. Entonces fueron a interrogar a Jesús y le dijeron: *"Maestro, mira cómo se secó esa higuera..."*

Jesús se volvió hacia ellos y les dijo:

"Tened fe en Dios.
Porque de cierto os digo que
cualquiera que dijere a este monte:
"Quítate, y échate en el mar",
y no dudare en su corazón,
mas creyere que será hecho lo que dice,
lo que dijere le será hecho."
— Marcos 11:22-23 —

Note que la primera cosa que dijo Jesús es que usted necesita tener fe en Dios. No es tener fe en la señora, no es tener fe en la santa, ni en la virgen. ¡Es tener fe en DIOS! Jesús dijo: "**<u>Tened fe en Dios.</u>**" Después Él dijo: "*Porque de cierto os digo que cualquiera que **<u>dijere</u>** a este monte: "Quítate, y échate en el mar", y **<u>no dudare</u>** en su corazón, mas **<u>creyere</u>** que será hecho lo que dice, lo que dijere le será hecho."* ¿Prestó atención?

Vea que la fe en Dios es primordial. Sí, pero no es suficiente que tengas fe. ¿Qué es lo que hay que hacer? **<u>Hablar con el monte.</u>** ¿Y cómo yo hablo con el monte? Es hablar con mi problema... Es hablar a lo que me aqueja; con lo que me está molestando. ¿Y hablar lo qué? ¡Echar a patadas! ¡Expulsar de tu vida! Hablar conforme a la Palabra enseña, porque Jesús dijo:

"Y estas señales seguirán a los que creyeren:
En mi Nombre echarán fuera demonios;
hablarán nuevas lenguas; quitarán serpientes;
y si bebieren cosa mortífera, no les dañará;
sobre los enfermos pondrán sus manos, y sanarán."
— Marcos 16:17-18 —

Entonces, si puedo expulsar al diablo, puedo expulsar un dolor de cabeza, puedo expulsar un dolor en la pierna, puedo expulsar un problema de espalda, puedo expulsar un problema cardíaco, puedo expulsar la miseria...

Todo lo que está escrito en la Palabra de Dios que yo puedo, ¡yo puedo! ¿Pero tengo que hacer qué? Tengo que creer en Dios y luego hablar con el problema. No es suplicar *"Dios mío, haz esto... Dios mío, haz aquello..."*, ¡no! Jesús dijo claramente: *"Tened fe en Dios. Porque de cierto os digo que cualquiera que dijere a este monte: "Quítate, y échate en el mar", y no dudare en su corazón, mas creyere que será hecho lo que dice, lo que dijere le será hecho."*

¡NO BASTA TENER FE! ¡TIENES QUE HABLAR A LA MONTAÑA!

¿Como así? Tienes que saber que la muerte de Jesús fue para reconciliarte con el Padre. La muerte de Cristo te unió al Padre, y Jesús resucitó para darte soberanía sobre tu vida y hacerte rey para Dios.

La autoridad que Adán tenía sobre toda la creación antes de caer en el pecado, toda aquella autoridad que el diablo le robó a Adán, Jesús la tomó de las manos del diablo y nos la devolvió. Por eso dice en Apocalipsis 5:10 que Él, Jesús, nos hizo reyes para el Padre, es decir, nos devolvió la dignidad y autoridad que Satanás le había robado al hombre.

¡Jesucristo nos ha hecho reyes y sacerdotes para Dios! Como reyes tenemos autoridad para decidir y determinar lo que queremos, y como sacerdotes podemos llevar al conocimiento de Dios todo lo que nos aflige, y exigir que se cumpla lo que Jesucristo conquistó para nosotros. Esto significa que no puedo simplemente seguir pidiendo y quedarme inerte, esperando que Dios lo haga. ¿Estas entendiendo?

La oración del religioso, que ni siquiera es oración, porque no es más que una reza, una repetición inútil, no resuelve nada, porque él no hace más que seguir pidiendo, rogando, mendigando, y esperando que un día Dios decida hacer algo...

Pero no es así como debe ser nuestra oración. Al contrario, yo tengo que hablar con mi problema. Yo tengo que ordenar en el Nombre de Jesucristo que todo mal salga de mi vida, de mis caminos, de mi territorio, y de todo lo que me pertenece, porque yo tengo esa autoridad, y usted tiene esa autoridad cuando se convierte a la Palabra de Dios y cuando aceptas a Jesús como el Señor absoluto de tu vida.

SEÑOR: EL DUEÑO TOTAL Y ABSOLUTO DE TU VIDA

Muchos hoy en día no son conscientes del verdadero significado de la palabra "Señor", que en el griego original es **Κύριε**, cuya transliteración es **Kyrie**. Esta palabra "Señor" representa mucho más que un título de nobleza, o una manera respetuosa de referirse al Padre, o al Hijo del Eterno, nuestro Salvador.

Llamar a alguien **Κύριε** significaba que esa persona era su amo y que tenía un poder completo y absoluto sobre su vida, e incluso sobre su muerte.

Aceptar a Jesús como **SEÑOR DE TU VIDA** significa rechazar el dominio de cualquier otro ente sobre ti, de cualquier otro ser, y asumir a Jesús como tu único dueño, con total autoridad sobre tu persona, sobre tu cuerpo, sobre tus deseos, sobre tus sentimientos, y sobre tu destino.

La Biblia nos da dos ejemplos que demuestran la gran importancia que esto tiene para la vida del creyente. Cuando Dios estaba dando las leyes al pueblo, a través de Moisés, Dios ordenó lo siguiente con respecto a los esclavos que se escapaban de la casa de su amo:

"No entregarás a tu señor al siervo que, huyendo de él,
se ha refugiado contigo; él permanecerá contigo, en medio de ti,
en el lugar que él escoja, en una de tus ciudades,
donde él quiera; no lo oprimirás."
— Deuteronomio 23:15-16 —

Mirad que esto es una orden de Dios: El siervo que huye de la casa de su antiguo señor no debe ser devuelto jamás, y mucho menos ser oprimido. Ahora, mire lo que dijo Jesús:

"Todo lo que el Padre me da, vendrá a mí;
y al que a mí viene, de ningún modo lo echaré fuera."
— Juan 6:37 —

¿Conseguiste conectar los puntos? En el momento en que decides huir de las garras de tu antiguo dueño, aquel que te oprimía con dolor, con enfermedad, con adicciones, con miseria, o lo que sea, y determina declarando con tu boca que ahora perteneces completamente a Señor Jesús, el diablo pierde completamente su autoridad sobre vosotros. Usted literalmente cambias de dueño, y tu nuevo dueño NUNCA te echará fuera, porque este es el mandamiento de Dios, y Jesús vino al mundo para cumplir la voluntad del Padre. Jesús dijo:

*"Porque he descendido del cielo, no para hacer mi voluntad,
sino la voluntad del que me envió.
Y esta es la voluntad del que me envió, del Padre:
Que de todo lo que me diere, no pierda de ello,
sino que lo resucite en el día postrero."*
— Juan 6:38-39 —

Una vez que hayas tomado a Jesús como tu *Kyrie*, usted sólo volverás a las garras del diablo si así lo desear. Es decir, si quieres seguir practicando toda aquella inmundicia que usted practicabas antes de conocer la voluntad de Dios para ti.

Pero, en el momento en que entiendes que el deseo de Dios para ti es que vivas en santidad, que Jesús tuvo que morir en tu lugar precisamente por tus pecados, y tomas la decisión de obedecer los mandamientos y estatutos divinos, nunca más el diablo podrá arrastraros y llevaros por la fuerza de nuevo a sus dominios.

*"... Yo soy el Señor vuestro Dios;
Santificaos, pues, y sed santos,
porque yo soy santo."*
— Levítico 11:44 —

En el momento en que creo en las Escrituras, y confieso con todo mi corazón que Jesucristo es el Señor absoluto de mi vida, todo lo que pasó en el Calvario, hace más de dos mil años, se hace realidad en mi vida, en ese momento. Y de ahora en adelante recibo autoridad sobre el mal, en el Nombre de Jesucristo, el Hijo de Dios. Es en este momento que Jesús me hace para el Padre, rey y sacerdote.

Y a partir de ahí yo tengo esa autoridad. Y cuando recibo esta autoridad y la uso, estoy actuando como dijo Jesús: **le estoy hablando al monte**. ¿Y qué pasará cuando yo hablar con la montaña? Sucederá exactamente lo que Jesús dijo que sucedería: *"Si __no dudo__ en mi corazón, sino que __creo__ que lo que digo sucederá, todo lo que decir sucederá."* Es simple así.

Estamos terminando este capítulo y quiero orar contigo. Pero antes de orar, quiero mostrarles dos cosas más que el Señor Jesús enseñó. Él dijo así:

"De cierto os digo que
todo lo que ligareis en la tierra, será ligado en el cielo;
y todo lo que desatareis en la tierra, será desatado en el cielo."
— Mateo 18:18 —

» Nunca olvides el "ejemplo del caballo"

¿Y qué significa esto? Significa que tenemos autoridad en el mundo espiritual para atar y desatar. Si una persona ata un caballo a un poste o a un árbol, sin comida ni agua, ese caballo permanecerá atado allí hasta que muera, o hasta que alguien lo desate.

Jesús, al enseñarnos esta lección, declaró que tenemos exactamente esta autoridad en el mundo espiritual. Lo que aquí en la tierra atamos, quedará atado en el mundo espiritual. Y todo lo que desatamos, eso también sucederá en el mundo espiritual.

Pero, como ya habrás aprendido, debes determinar con tus labios qué sucederá esto. Es necesario hablarle a la montaña, es necesario creer en el corazón y no dudar, porque haciendo esto se hará todo lo que determines.

» El poder de la oración con más personas en un mismo propósito

Ahora, la segunda cosa, Jesús continuó enseñando esto:

"Además os digo, que si dos de vosotros se ponen de acuerdo
sobre cualquier cosa que pidan aquí en la tierra,
les será hecho por mi Padre que está en los cielos.
Porque donde están dos o tres reunidos en mi nombre,
allí estoy yo en medio de ellos."
— Mateo 18:19-20 —

Bueno, estoy aquí, reunido en fe contigo, en el Nombre de Jesucristo. Y no hay distancia en el mundo espiritual. Si quieres orar conmigo, en el nombre de Jesucristo, crea, porque él prometió que donde dos o tres se reúnan en su nombre, allí él estará presente. Por tanto, crea, porque Él está presente en medio de nosotros y está atento a nuestra oración.

<u>Oración de la fe</u>

— *Padre, venimos ante ti en el Nombre de Jesucristo, nuestro Señor y Salvador, para determinar la salida del mal.*

— *En el Nombre de Jesús, decretamos el fin de todo sufrimiento en nuestras vidas, de toda opresión, de toda enfermedad, de toda miseria, de toda esclavitud, y de todo problema físico, psíquico, emocional, financiero, sentimental, de orden moral o espiritual, de toda mala conducta y mal comportamiento, y ordenamos que todo este mal deje nuestras vidas ahora en el Nombre de Jesús.*

— *Dios mío, en el Nombre de Jesucristo, ato todo espíritu de enfermedad que haya venido a este cuerpo, desde la coronilla hasta las plantas de los pies.*

— *El mal que hay en la vida, en el cuerpo de esa persona, está atado en el Nombre de Jesús, ¡y te mando que te vayas ahora!*

— *Esa persona que tiene problemas graves de salud, problemas de garganta, ojos, intestinos, estómago, páncreas, riñones, próstata o útero, hígado, bazo, columna, corazón...*

— *¡Sal de allí ahora, espíritu de enfermedad!*

— *¡Tú que estás alojado en este cuerpo, sé desalojado de allí ahora!*

— *¡Destruyo ahora tu nido, tu escondite, la fortaleza que construiste para arruinar esta vida, junto con todos tus planes, todo está destruido ahora en el Nombre de Jesucristo!*

— *¡Sal con toda tu maldad! Vete, desaparece con tu hinchazón, con tu inflamación, con tu infección, con tus bacterias, con tu virus, con tu cáncer, y llévate también tu hernia, que está en el lado izquierdo del ombligo de esa persona, ¡y con todos los daños que has puesto en su vida y en su cuerpo!*

— *Les mando en el Nombre de Jesús, les mando: salgan de allí, desaparezcan y no vuelvan más.*

— *Padre, ¡muchas gracias! ¡Y que así sea en el Nombre de Jesús!*

— *Gracias a Dios.*

Capítulo 2:

JESÚS NOS DIO EL EJEMPLO

En el capítulo anterior vimos una declaración de Jesús donde dijo que todo lo que pidamos en oración, lo recibiremos si realmente creemos.

Y también vimos que este "pedir" no es mendigar una bendición, sino determinar que lo que está escrito en la Biblia y que nos ha sido revelado como nuestro derecho, se cumpla en nuestras vidas.

Cuando Jesús declaró que Él es el único camino para llegar al Padre, estaba enseñando que para que nuestra oración llegue a Dios, es necesario que ella pase por Él. Es decir, que nuestra oración sea hecha conforme a Su Palabra, basada en la Biblia. Para que nuestra oración llegue al cielo es necesario que la hagamos de acuerdo con las Sagradas Escrituras, de acuerdo con la Palabra de Dios.

Cuando vamos a orar tenemos que dejar de lado todas las costumbres religiosas y todas esas cosas que enseña la religión. ¡Esto no sirve de nada! Tenemos que volvernos a la Palabra de Dios. Tenemos que actuar según lo que enseña la Biblia. De lo contrario, no seremos atendidos.

¿Y qué enseña la Biblia? Que no tenemos que seguir mendigando bendiciones, sino que debemos hablar a nuestro problema y ordenarle que deje de afligirnos. Tenemos que dar órdenes, con autoridad, tal como lo hizo Jesús. Jesús dijo:

> *"Porque ejemplo os he dado, para que*
> *como yo os he hecho, vosotros también hagáis."*
> **— Juan 13:15 —**

Y el Señor Jesús afirmó que "__cualquiera que decir a este monte...__" Preste atención que él dice __cualquiera__. No es necesario ser pastor, no es necesario ser sacerdote, no es necesario ser papa, ni mago, y ni hechicero, ¡no! ¡Nada de eso! Él dijo:

> *"Tened fe en Dios.*
> *Porque de cierto os digo que*
> *__cualquiera__ que dijere a este monte:*
> *"Quítate, y échate en el mar",*
> *y no dudare en su corazón,*
> *mas creyere que será hecho lo que dice,*
> *lo que dijere le será hecho."*
> **— Marcos 11:22-23 —**

Entonces usted mismo podrá hablar con tu problema y decirle que se detenga y que lo saque de usted. Ahora bien, para eso hay que tener una fe sólida. Y ante todo Jesús dijo: *"Tened fe en Dios"*.

CÓMO TENER UNA FE SÓLIDA

Cuando nos alimentamos de la Palabra de Dios, nos edificamos en la fe, y así estaremos preparados para expulsar el mal que se levanta contra nosotros.

La persona que no se alimenta de la Palabra de Dios, la que no lee la Biblia con frecuencia, la que no escucha la predicación de la Palabra, esa es una persona espiritualmente débil. Ella siempre dependerá de que alguien más ore por ella, y muchas veces ni siquiera eso lo soluciona, porque esa persona no tiene fe.

Cuando llega la pelea, esta persona se desespera. Pero quien está edificado sobre la Palabra, no teme ante las amenazas. Porque si estás edificado en la Palabra de Dios no temerás los ataques del enemigo.

Jesús dijo que la casa construida sobre la roca, no es sacudida por nada, ni por el viento ni por la tormenta. Pase lo que pase, esta casa no se caerá. Está escrito así en el Evangelio de Mateo:

"Cualquiera, pues, que me oye estas palabras, y las hace,
le compararé al varón prudente, que edificó su casa sobre la peña;
y descendió lluvia, y vinieron ríos, y soplaron vientos,
y combatieron aquella casa; y no cayó,
porque estaba fundada sobre la peña."
— Mateo 7:24-25 —

CÓMO USAR LA FE
PARA VENCER SATANÁS Y SUS DEMONIOS

Si nuestra fe estuviere fundada en la Roca que es Jesús, cada vez que el diablo intentar poner duda en nuestro corazón, le romperá la cara. Él nunca podrá hacernos dudar del Señor. Él nunca robará lo que queremos, porque cuando lo intente, usaremos las Escrituras. Fue así que Jesús también derrotó a Satanás en el desierto.

En el capítulo cuarto de los evangelios de Mateo y Lucas está escrito que el diablo intentó hacer que Jesús transformase piedras en pan... Y yo os pregunto, ¿Jesús no podría hacer esto? Sí, podría. Y al mismo tiempo no podría. ¿Por qué? Sí, porque Él tiene el poder para hacer esto. Pero no, por dos motivos:

Primero, porque esa no era la voluntad de Dios. Tenemos que tener este entendimiento, este cuidado. Cuando vamos a orar tenemos que prestar atención a lo que vamos a pedir. Jesús dijo que podemos pedir cualquier cosa, pero por supuesto, nunca debemos pedir lo que está en contra de la

Palabra de Dios. Si Jesús aceptara la sugerencia del diablo y convirtiera esas piedras en pan, se estaría sometiendo al diablo. Y además Dios creó la piedra para que fuera piedra, el alimento para que fuera alimento, el hombre para que fuera hombre, la mujer para que fuera mujer... Cualquier cosa diferente a eso va contra la voluntad del Eterno, nuestro creador. ¿Y quién intenta pervertir y destruir la creación de Dios desde el principio? ¡El mismo, el diablo!

Tenga en cuenta que ante el primer ataque del maligno, Jesús pronto respondió citando las Escrituras en Deuteronomio 8:3, diciendo: "*Escrito está: ¡No sólo de pan vivirá el hombre, sino de toda palabra que sale de la boca de Dios!*".

Entonces Satanás llevó a Jesús al pináculo del templo y le dijo: "*Si eres el Hijo de Dios, ¡salta desde aquí!*", y nuevamente Jesús le respondió diciendo: "*Dicho está, ¡no tentarás al Señor tu Dios!*"

Y después de eso, el enemigo llevó a Jesús a la cima de una montaña y le mostró todos los reinos del mundo, diciendo que si el Maestro lo adorase, todo sería suyo. Y nuevamente Jesús respondió citando las Escrituras, diciendo: "*Escrito está: ¡Al Señor tu Dios adorarás, y a Él sólo servirás!*"

Entonces, vean que solo con la Palabra, solo usando la Palabra de Dios, las Sagradas Escrituras, Jesús derrotó a Satanás y rompió cada trampa que había preparada, y destruyó cada fortaleza que él tenía.

Note que Jesús usó la misma arma contra el diablo que tenemos hoy, que es la Palabra de Dios. La Palabra es todo lo que necesitamos para derrotar a Satanás y sus demonios. Cuando vengan con alguna tentación, o alguna duda, sólo hay que declararles lo que está escrito, ¡con fe! Con confianza en lo que está escrito en las Sagradas Escrituras, porque la Palabra de Dios es fiel y verdadera. ¡Así es como se vence!

En el momento en que las Escrituras estuvieren arraigadas en nuestro corazón, entonces estaremos preparados para enfrentar cualquier ataque del enemigo, y él nunca nos derrotará.

NUNCA DESEES LO QUE ES CONTRARIO A LA PALABRA DE DIOS

Bueno, entonces ¿qué tengo que hacer? Debo, para cada situación, buscar saber cuál es la voluntad de Dios y qué dirección me dan las Sagradas Escrituras sobre tal o cual asunto.

Necesitamos saber exactamente lo que dice la Biblia sobre cada asunto, para no corriéremos el riesgo de actuar fuera de la voluntad de Dios. Si las Escrituras no prometen lo que estás buscando, entonces orar por tal cosa será una pérdida de tiempo... No ores por eso. Busque en las Escrituras cuál es su derecho en Cristo y qué es lo que Dios desea para usted. Entonces sí, reivindique tu derecho y lo recibirás.

Nunca debemos desear lo que es contrario a la Palabra de Dios, lo que es contrario a la voluntad del Eterno para nuestras vidas. Por otro lado, si intercediéremos por las cosas que fueron prometidas en la Biblia, con la confianza de que nos serán concedidas, siempre tendremos éxito en nuestras oraciones.

¡DIOS QUIERE RESPONDERTE Y QUIERE SOLUCIONAR TU PROBLEMA!

Nunca permitas que el diablo siembre dudas en tu corazón. La duda surge cuando no estamos seguros de la Palabra de Dios.

Cuando estás seguro de que lo que vas a pedir es tu derecho, no hay lugar a la duda, tú no tienes dudas. Y luego vas ante Dios con fe, reclamas tu derecho y lo obtienes.

"Así dijo el SEÑOR:
No se alabe el sabio en su sabiduría,
ni se alabe el valiente en su valentía,
ni el rico se alabe en sus riquezas.
Mas alábese en esto el que se hubiere de alabar:
en entenderme y conocerme, que yo soy el SEÑOR,
que hago misericordia, juicio, y justicia en la tierra,
porque estas cosas quiero, dijo el SEÑOR."
— Jeremías 9:23-24 —

Si la Biblia dice que lo es, ¡lo es! ¡Si Dios dijo que lo hará, lo hará! Así que ojo con esto: Todo lo que dice la Biblia, creed, porque sin fe no tiene sentido orar.

Hay muchas personas que no entienden lo que significa tener fe... ¡Tener fe no es sólo creer que Dios lo puede todo! **<u>Tener fe es asegurarse de que Él no sólo puede, sino que quiere ayudarte y quiere resolver tu problema.</u>**

Pero, ¿cuándo tendré esta certeza? ¡Cuando estoy cimentado en la Palabra! ¡Cuando estoy revestido de la Palabra de Dios, confiando en que lo que Él ha hablado es mi garantía!

LA ORACIÓN HECHA SEGÚN LA VOLUNTAD DE DIOS

Un error que muchas personas cometen es orar sin saber cuál es la voluntad de Dios, y orar sin fortalecerse en la fe, porque la Palabra de Dios es la que produce la fe en nuestro corazón. Está escrito que la fe viene por el oír, y el oír por la Palabra de Dios.

"Luego la fe es por el oír;
y el oír por la palabra de Dios."
— Romanos 10:17 —

Cuando no tenemos conocimientos bíblicos y no sabemos por qué vamos a orar, muchas veces terminamos haciendo una oración sin fe, sin confianza, sin estar seguros de que vamos a recibir lo que estamos pidiendo. ¡Esa es una oración perdida! Usted estás pidiendo algo que esperas recibir, pero no estás seguro de que lo recibirá... Entonces, es una oración desperdiciada.

Preste atención a lo que está escrito:

"Y esta es la confianza que tenemos en Él, que si pedimos
*alguna cosa **conforme a su voluntad**, Él nos oye."*
— 1 Juan 5:14 —

Esta cita nos muestra que si pido algo **según la voluntad de Dios**, Él me oye. Muchas personas pueden pensar: *"Ah, entonces significa que debo orar y decir que si es tu voluntad el Señor me dar..."*, ¡no! ¡Yo tengo que saber cuál es la voluntad del Padre antes de orar, para poder pedir según su voluntad! Si sé que algo no es su voluntad, no tiene sentido pedir tal cosa.

Juan dijo:

"Y esta es la confianza que tenemos en Él,
que si pedimos alguna cosa conforme a su voluntad, Él nos oye.
Y si sabemos que Él nos oye en cualquier cosa que pidamos,
también sabemos que tenemos alcanzado las peticiones
que le hubiéremos pedido."
— 1 Juan 5:14-15 —

¿Entendiste? ¿En qué puedo confiar que recibiré? En lo que pido según la voluntad de Dios. ¿Y cuándo sé que lo que voy a pedir está en consonancia con la voluntad de Dios? Cuando leo la Biblia. Es ella quien me revela la voluntad del Padre. Sin conocer las Sagradas Escrituras no hay manera de conocer la voluntad de Dios, porque es a través de las Escrituras que Dios nos habla.

Por eso la fe viene por el oír y el oír por la Palabra. Cuando presto atención a la Palabra de Dios, en lo que Dios habla en mi corazón, yo entiendo cuál es su voluntad, lo que Él tiene preparado para mí, y lo que quiere darme para que pueda tener éxito en mi vida. Cuando estoy seguro de Su voluntad, puedo pedir con fe, y recibiré, porque estoy pidiendo según Su voluntad.

¿Quieres aprender a orar eficazmente? Dedícate entonces a leer la Biblia, dedícate a escuchar la predicación de la Palabra, porque sólo así aprenderás cuáles son tus derechos en Cristo. Sólo conociendo las Escrituras conocerás la voluntad de Dios.

Y cuando oras según su voluntad, ¿qué sucede? Miremos nuevamente lo que dijo Juan:

"Y esta es la confianza que tenemos en Él,
que si pedimos alguna cosa conforme a su voluntad, Él nos oye.
Y si sabemos que Él nos oye en cualquier cosa que pidamos,
también sabemos que tenemos alcanzado las peticiones
que le hubiéremos pedido."
— 1 Juan 5:14-15 —

Jesús, cuando enseñó a sus discípulos a orar, dijo que no es necesario seguir repitiendo, repitiendo y repitiendo las mismas palabras, las mismas oraciones, como muchos hacen por no conocieren las Sagradas Escrituras, porque el Padre Celestial sabe todo lo que necesitamos incluso antes de que se lo pidamos.

El Maestro enseñó así:

"Mas tú, cuando oras, éntrate en tu cámara,
y cerrada tu puerta, ora a tu Padre que está en secreto;
y tu Padre que ve en secreto, te recompensará en público.
*Y cuando oréis, **no uséis vanas repeticiones**,*
como hacen los gentiles, que piensan que por su palabrería
*serán oídos. **No os hagáis, pues, semejantes a ellos**;*
porque vuestro Padre sabe de qué cosas tenéis necesidad,
antes que vosotros le pidáis."
— Mateo 6:6-8 —

Más aún, Jesús dijo:

"Pedid, y se os dará; buscad, y hallaréis;
llamad, y se os abrirá. Porque cualquiera que pide, recibe;
y el que busca, halla; y al que llama, se abrirá la puerta."
— Mateo 7:7-8 —

Esto significa que aunque Dios conozca nuestras necesidades, y las conoce todas, Él quiere que se las llevemos a Él. ¿Por qué? Porque cuando hacemos eso, ponemos nuestra fe en acción.

Sin embargo, Jesús enseñó que no debemos usar repeticiones inútiles, que no debemos seguir repitiendo palabras memorizadas, esas mismas letanías que repiten los religiosos, y que se van transmitiendo de generación en generación, porque, como dijo Jesús, estas personas piensan que por sus muchas palabras, sus oraciones serán escuchadas. Pero, la ordene del Maestro fue: "**_¡No seáis como ellos!_**"

No PODEMOS SER PASIVOS EM LA FE.
¡TENEMOS QUE USARLA!

Dios no nos dio la fe para que seamos pasivos, esperando que simplemente suceda lo que queremos, ¡no! Hay gente que piensa: "_Ah, tengo fe en que Dios me ayudará..._", pero ella no hace nada, no actúa, se queda pasiva, esperando que algo suceda. No es así... El Señor Jesús enseñó que nuestra fe tiene que ser una fe activa. ¿Recuerdas lo que dijo? Leámoslo de nuevo:

_"Tened fe en Dios. Porque de cierto os digo que
cualquiera que dijere a este monte: "Quítate, y échate en el mar",
y no dudare en su corazón, mas creyere que será hecho lo que dice,
lo que dijere le será hecho. Por eso os digo que todo lo que pidáis
en oración, creed que lo habéis recibido, y lo tendréis."_
— Marcos 11:22-24 —

El Señor no tiene que hacerme esperar la bendición. Dios tiene bendición para mí hoy, ahora. Las Escrituras dicen que la fe hace existir las cosas que aún no existen, porque Dios llama a las cosas que aún no son como si ya existiesen.

_"Como está escrito: Te he constituido padre de muchas naciones.
Ante aquel en quien creyó, es decir, Dios, que da vida a los
muertos, y llama a las cosas que no son, como si ya existiesen."_
— Romanos 4:17 —

Entonces, cuando oro y creo que he recibido, no que todavía estoy por recibir, sino que ya he recibido, aunque mis ojos naturales todavía no puedan ver, aún no puedan verificar la bendición que he recibido, yo permanezco firme, en la certeza de que si pedí según la voluntad de Dios, Él me escuchó. Y si me escuchó, Él también me concedió lo que pedí.

Es esto que Juan dijo:

"Y esta es la confianza que tenemos en Él,
que si pedimos alguna cosa conforme a su voluntad, Él nos oye.
Y si sabemos que Él nos oye en cualquier cosa que pidamos,
también sabemos que tenemos alcanzado las peticiones
que le hubiéremos pedido."
— 1 Juan 5:14-15 —

¡Así es como funciona! ¡Hay que creer! No siempre veremos un milagro ocurrir de inmediato. No nos es posible ver lo que sucede en la dimensión espiritual. Pero es en el mundo espiritual donde se produce la bendición. Está escrito:

"Bendito el Dios y Padre del Señor nuestro Jesucristo,
el cual nos bendijo con toda bendición espiritual
en lugares celestiales en Cristo;"
— Efesios 1:3 —

¡DIOS YA NOS HA BENDECIDO CON **TODAS** LAS BENDICIONES ESPIRITUALES!

Note que no está escrito que Dios nos bendecirá... Sino que Dios YA NOS HA BENDECIDO. Todas nuestras necesidades han sido satisfechas en Cristo Jesús.

No siempre veremos la bendición de inmediato. Muchas veces las evidencias dirán lo contrario. Nuestros ojos físicos y naturales a menudo atestiguarán que no sucedió nada. Pero cuando eso ocurrir, recuerde que las Escrituras dicen que no debemos guiarnos por lo que ven nuestros ojos, sino por lo que dice la Palabra de Dios:

"... porque por fe andamos, no por vista."
— 2 Corintios 5:7 —

¡SI CREES, VERÁS LA GLORIA DE DIOS!

Después de que Lázaro estaba muerto por cuatro días, Jesús ordenó que quitasen la piedra del sepulcro (Juan 11:39-41). Marta, hermana del difunto, le dijo al Maestro:

— *¡Señor, ya huele mal, porque ya han pasado cuatro días!*

Y Jesús insistió:

— *¡Quite la piedra!*

Y quitaron la piedra... Entonces Jesús se acercó y ordenó a Lázaro que saliera del sepulcro, y así lo hizo. Imagínense la cara de Marta al ver salir a su hermano, que llevaba cuatro días muerto. Me imagino que estaba muy asustada y a la vez muy feliz. Y Jesús entonces dijo a Marta:

"¿No os dije que si creéis veréis la gloria de Dios?"
— Juan 11:40 —

¡Con Dios es de esta forma que suceden las cosas! Tenemos que creer. ¡Tenemos que confiar! Tomemos el caso de Abraham, anciano, de casi cien años, y su esposa, de casi noventa, y además estéril. Y Dios dijo a Abraham:

"Y no se llamará más tu nombre Abram,
sino que será tu nombre Abraham,
porque te he puesto por padre de muchedumbre de gentes."
— Génesis 17:5 —

Note que Dios no dijo que lo iba a hacer padre de muchas naciones. Pero Él dijo: *"Yo te he puesto por padre de muchedumbre de gentes."* Es decir, *"Ya te he hecho padre de muchas naciones"*, como si Dios ya le hubiera hecho padre de muchos hijos.

Pero hasta el momento eso no había sucedido. Si Abraham tuviera en cuenta su edad, la edad de Sara, su esposa, y su condición, que siempre ha sido estéril, sería imposible que esto sucediera. Pero no, Abraham le creyó a Dios.

"Y no se enflaqueció en la fe, ni consideró su cuerpo
ya amortecido, siendo ya de casi cien años,
ni la matriz amortecida de Sara;
Tampoco dudó en la promesa de Dios con desconfianza;
Antes fue esforzado en fe, dando gloria a Dios,
plenamente convencido de que era también poderoso
para hacer todo lo que había prometido.
Por tanto, esto también le fue imputado como justicia."
— Romanos 4:19-22 —

Mi querido, mi querida, para el pueblo hebreo todos los nombres tenían un significado. Ninguno de ellos nombró a sus hijos con palabras sin significado. Cada nombre tenía una razón de ser.

El nombre Abram significa "padre ilustre", o "padre exaltado", o "padre elevado". Pero Dios cambió el nombre de Abram por el de Abraham, que significa "padre de muchos pueblos". Es decir, usted ya no sólo serás un padre exaltado, sino que serás padre de muchos hijos, de muchas naciones...

Me imagino cuánto se habrá burlado de él el pueblo, cuando le preguntaron su nombre y él respondió: *"es Abraham"*, que significa *"padre de muchos hijos"*, pues ya era de edad avanzada y no tenía hijos... Por cierto, Abram tuvo un hijo con Agar, la esclava egipcia, pero no tuvo ningún hijo legítimo con Sara, su esposa. Por eso, incluso podrían preguntarle:

— *¿Dónde están tus muchos hijos?*
— *¿No te llamas Abraham, padre de muchos hijos?*
— *Pues, ¿dónde están tus muchos hijos?*

¿No es así? ¿No es así como lo hacen los incrédulos? Si alguien está pasando por un problema, y alguien descubre que esa persona es una persona de Dios, inmediatamente dirá: *"Bueno, ¿dónde está el Dios en el que esta persona dice creer?"*

¿No es eso lo que sucede? Los incrédulos no pierden oportunidad de burlarse y blasfemar. Pero el que es de Dios permanece firme, confesando lo que dice la Escritura.

Si el enfermo confiar en Dios y comenzar a confesar lo que dice la Sagrada Escritura, que él ya ha sido sanado por las llagas de Jesús, que ya ha sido curado tal como está escrito en Isaías 53:4-5, aunque su cuerpo esté sufriendo con los síntomas, aunque los exámenes médicos atesten lo contrario, aunque las personas que lo rodean digan que está enfermo, él estará sano en poco tiempo, porque la incredulidad de los demás no puede de ninguna manera anular la fidelidad de Dios.

Vea lo que profetizó Isaías sobre Jesucristo, unos 711 años antes de su venida:

*"Ciertamente llevó él nuestras enfermedades,
y sufrió nuestros dolores; y nosotros le tuvimos por azotado,
por herido de Dios y abatido. Más él herido fue
por nuestras rebeliones, molido por nuestros pecados.
El castigo de nuestra paz fue sobre él;
y por su llaga fuimos nosotros curados."*
— Isaías 53:4-5 —

Recuerde esto: La incredulidad de los demás no puede de ninguna manera anular la fidelidad de Dios. ¡Esto no sucede en absoluto!

Está escrito:

*"¿Pues qué, si algunos de ellos han sido incrédulos?
¿La incredulidad de ellos habrá por esto hecho vana
la verdad de Dios? En ninguna manera; porque Dios es
Verdadero y todo hombre es mentiroso, como está escrito:
Para que seas justificado en tus dichos,
y venzas cuando juzgares."*
— Romanos 3:3-4 —

La persona que confesar que no ha sido sanada es una mentirosa. La Palabra de Dios enseña que el Señor no miente. La Biblia garantiza que Dios es verdadero y que todo hombre es mentiroso. El hombre de Dios, la mujer de Dios, tiene que confiar en lo que dice la Biblia. ¿Para que?

"Para que seas justificado en tus dichos,
y venzas cuando juzgares."
— Romanos 3:4 —

En el momento en que el diablo pedir permiso para tocarte, tal como lo hizo con Job, él no tendrá ese permiso. Cuando vayas ante Dios para que tu caso sea juzgado, serás justificado delante de Él, porque no renunciaste a la Palabra que Él habló en tu corazón. Todo lo que tienes que hacer es pedir, determinar la bendición y creer que ya la has recibido, porque está escrito:

"Porque todo el que pide, recibe;
y quien busca, encuentra;
y al que llama, se le abre la puerta."
— Mateo 7:8 —

Y el Señor dijo:

"Pero mi justo vivirá por la fe;
y si retroceder, mi alma no se complace en él."
— Hebreos 10:38 —

Ahora quiero orar contigo, y pondrás en práctica lo que has aprendido. Entonces, habla con Dios. No te quedes callado. Recuerda que tienes que ordenar al monte. ¡Dale voz a la Palabra!

— Padre, en el Nombre de Jesucristo entramos en tu santa presencia. Y, Dios mío, no hay manera de que esta situación no se resuelva sola.

— No hay manera de que el problema de esta persona no caiga al suelo, porque el Señor dijo que todo lo que pidamos, creyendo, lo recibiremos.

— Si creemos recibir, recibimos.

— Padre, en el Nombre de Jesús paralizo ahora toda la obra del enemigo en la vida de esta persona que ora conmigo.

— Desde la coronilla hasta las plantas de los pies, dondequiera que haya un espíritu maligno causando dolor, causando bultos, causando enfermedad, causando infección, inflamación o cualquier otro mal, lo ato en el Nombre de Jesús, y ordeno: Sal de ahí ahora, vete y no vuelvas.

— ¡Dios mío, el problema de esa persona ha sido resuelto!

— En el mundo espiritual está decidido. La victoria está decretada, y decreto la bendición en el Nombre de Jesús.

— Gracias Padre ¡Que así sea! ¡Y sea esto para tu gloria!

Capítulo 3:

CUATRO COSAS NECESARIAS PARA QUE LAS ORACIONES ALCANZEN RESPUESTA

La oración es nuestro único canal de comunicación con el Señor. Y tenemos que tomar en serio nuestra oración. No podemos seguir jugando a orar. Nuestra oración siempre debe funcionar, no puede fallar y no falla, si se hace con fe, con confianza en la Palabra de Dios.

En estos dos capítulos anteriores hablé de cuatro cosas que son sumamente necesarias para que nuestras oraciones alcancen una respuesta del Eterno. Recordemos...

En primer lugar, es necesario tener fe en Dios. ¡Sólo en Dios! En el Todopoderoso, el Dios de Abraham, el Dios de Isaac, el Dios de Jacob, Padre de nuestro Señor y Salvador Jesucristo, y en ningún otro. Mi oración debe dirigirse únicamente al Eterno, creyendo que Él tiene todo el poder y que es más que suficiente para suplir todas mis necesidades.

Quien cree en Dios no necesita de ningún otro ser que interceda por él. No necesito que ningún santo, ninguna señora y ninguna virgen oren por mí, considerando que el Padre Celestial escucha mis oraciones.

Segundo, antes de entrar en oración tenemos que definir bien qué queremos que el Señor Dios nos conceda. Tenemos que ser concretos en nuestras peticiones, sin andarnos con rodeos. Recuerda-te que el acto de orar es como si presentaras tu caso ante un juez, que en este caso es el JUEZ DE JUECES, el TODOPODEROSO, creador de los cielos y de toda la tierra. ¡Por tanto, sé objetivo al presentarte ante el Señor!

La tercera cosa es que necesitamos fortalecer nuestra fe. Sí, tenemos que fortalecer nuestra fe, nuestra confianza en las Palabras de Dios. ¿Y cómo podemos hacer esto? Leyendo la Biblia y escuchando la predicación de la Verdad.

Necesitamos leer versículos que prometan respuestas a lo que necesitamos. Tenemos que buscar en la Biblia pasajes que se apliquen a nuestras necesidades. Y necesitamos revestirnos de las promesas de Dios, porque Sus promesas son nuestra armadura espiritual contra los ataques del maligno y sus demonios.

Satanás, el diablo, siempre buscará maneras de poner dudas en nuestros corazones. Y si tenemos presente lo que Dios nos ha prometido y creemos que Él es capaz de cumplir todas Sus promesas, entonces el diablo no podrá engañarnos.

Sólo el que no cree en las Sagradas Escrituras, el que no presta atención a la predicación de la Palabra, y el que no escucha lo que Dios dice, es débil en la fe. Si cada día prestas más y más atención a la Palabra de Dios, la fe se fortalecerá en tu corazón, ya que verás a Dios actuando en tu vida. Y Dios siempre cumple lo que promete.

"Dios no es hombre, para que mienta;
ni hijo de hombre para que se arrepienta.
El dijo, ¿y no hará?
Habló, ¿y no lo ejecutará?"
— Números 23:19 —

Y la cuarta cosa es que tenemos que consultar al Señor acerca de lo que deseamos, y tenemos que llamarle la atención sobre nuestras necesidades. Aunque el Altísimo nos conoce mejor que nosotros mismos, cuando hablamos con Dios acerca de nuestras necesidades y clamamos por su ayuda, estamos enseñando a nuestro corazón a creer. En este momento adquirimos una fe que se niega a mirar las circunstancias; la fe que cree cien por ciento en la Palabra de Dios. ¡Ésta es la fe que produce resultados!

TRES ACTITUDES PARA QUE LAS ORACIONES SEAN EFICACES

Ahora voy a hablar de tres actitudes más que todos debemos tener para que nuestra oración sea cada vez más eficaz, y logremos los resultados que esperamos.

» Primera actitud: Aprenda a hablar palabras de fe.

Evite pensamientos de fracaso y derrota. Ponga su atención a lo que dice la Palabra de Dios. Nunca dudes y ni siquiera pienses en la dificultad de conseguir lo que deseas. Recuerda-te que no hay nada demasiado difícil para el Señor. ¡Y para Él lo imposible no existe! Cree que ya has recibido lo que pediste. Después de todo, ¿no es eso lo que Jesús enseñó? ¿Recuerdas lo que dijo? Él dijo:

"... todo lo que pidáis, orando,
cree que los has recibido, y los tendrás."
— Marcos 11:24 —

Así que no permitas que tu mente te diga lo contrario. Si en el momento de orar sientes que el diablo está tratando de poner dudas en tu corazón, interrumpe tu oración, repréndelo en el Nombre de Jesús y no permitas que la duda persista. No olvides de lo que está escrito:

"Sométanse, pues, a Dios;
Resistid al diablo, y huirá de vosotros."
— Santiago 4:7 —

La duda es cosa del maligno. ¡Resístela! Elimine todo sentimiento y todo pensamiento que no esté acorde con la Palabra de Dios. Y hazlo de inmediato.

Te daré un ejemplo, para que entiendas de lo que estoy hablando. Digamos que aparece un nódulo, un bulto, algún tumor, y la persona va al médico y el médico le dice que tendrá que operar. Bueno, no voy a decir que el médico esté equivocado. Desde el punto de vista humano puede que incluso tenga razón, al fin y al cabo él estudió para esto. Pero según la Palabra de Dios, Jesús tomó sobre sí **todas** nuestras enfermedades. Y la Escritura dice que por su llaga fuimos **sanados**.

"Verdaderamente él cargó sobre sí nuestras enfermedades,
y tomó sobre sí nuestras dolores;
y lo consideramos azotado, herido de Dios y oprimido.
Pero él fue herido por nuestras transgresiones
y molido por nuestras iniquidades;
sobre él recayó el castigo que nos trae la paz,
y por su llaga fuimos nosotros curados."
— Isaías 53:4-5 —

No dice que seremos sanados, pero dice que ya lo hemos sido, porque Dios trae a la existencia cosas que aún no son. Y Jesús, cuando estaba en la cruz, dijo:

"¡Consumado es!
Y habiendo inclinado la cabeza,
entregó el espíritu"
— Juan 19:30 —

Cuando Jesús dijo que allí en la cruz está consumado, quiere decir que Él terminó todo, todo se cumplió allí. Lo que había que hacer, se hizo. La obra que Él necesitaba hacer con respecto a nosotros ya estaba hecha. Por eso dijo: "¡Consumado es!", y ahora, para que tomemos posesión, sólo necesitamos creer.

Entonces, el médico dice: *"hay que operar"*. La Palabra de Dios dice: *"fuimos curados por las llagas de Jesús"*. Pero luego miras el bulto y sigue ahí... Miras el tumor, miras para tu problema, y está ahí, no ha desaparecido. ¿Qué tienes que hacer?

Primero tienes que decidir si crees en Dios o si crees en lo que ven tus ojos. Todo dependerá de tu confesión de fe. La Palabra de Dios dice en Hebreos 10:38 que ***"el justo vivirá por fe"***, y no por lo que el ojo ve, sino por lo que creen. Si crees en la Palabra, tienes que confesar la Palabra: ***"Fui sanado por las heridas de Jesús."***

Todo dependerá de tu confesión. Confesar no es decir que tienes fe, sino confesar tu fe en el mundo espiritual, ante Dios y los demonios. Debes demostrar que realmente crees en las Palabras del Señor. Eso es lo que hay que hacer, con actitud y autoridad.

Por ejemplo, si yo decido creer en Dios, tengo que abrazar la fe, ir ante Dios en oración y decir: *"Padre, el médico dijo que es necesaria la cirugía. Pero tu Palabra dice que por las llagas de Jesús ya he sido sanado. Y el Señor Jesús dijo que todo lo que pidiereis a mi Padre, en mi nombre, Él te lo dará. Entonces ordeno, en el Nombre de Jesús, que este mal deje mi vida ahora, deje mi cuerpo y nunca regrese. Padre, le pido que envíe ahora su fuego para consumir todo el mal que causó esta enfermedad y destruir todas y cada una de las anormalidades. Declaro que creo que el Señor ya me respondió, porque Jesús nunca mentiría, y mis ojos verán el cumplimiento de esta Palabra en mi vida, porque esta es tu Palabra, que no falla, ¡y nunca fallará!"*

Una vez hecho esto, ahora puedes agradecer a Dios, no importa cuán serio sea tu problema, porque estás confrontando tu problema con la Palabra del Señor, y Él nunca dejará de cumplir lo que prometió.

Está escrito en el libro de Job, en el capítulo 33, que si alguien está postrado en cama, sufriendo dolores, hasta el punto de aborrecer el alimento más deseable, su carne va desapareciendo, sus huesos se hacen visibles, su alma se vuelve al hoyo, y si sucede que un mensajero de Dios viene a esa persona, y le declara su justicia, es decir, su justificación por la sangre de Jesús, y esa persona cree, entonces dice en el versículo 24:

"... entonces tendrá misericordia de él y le dirá:
Líbralo para que no baje al hoyo; porque encontré el rescate."
— Job 33:24 —

En otras palabras, cuando se predica el Evangelio y la persona cree, Dios se acuerda del sacrificio de Jesús a favor de esa persona. Y ve en esa persona la sangre que fue derramada en la cruz para la redención de sus pecados.

Así que, ¡preste atención! Supongamos que usted está muy enfermo. Alguien viene a ti y te habla de Jesús, que dio su vida para salvarte, que en la cruz tomó todas tus enfermedades, y perdonó todos tus pecados, y tú crees. En el momento en que crees, Dios te mira y ve la sangre de Jesús derramada allí sobre ti. La sangre que fue derramada en la cruz para la redención de todos tus pecados, para el perdón de todas tus iniquidades, la sangre que fue derramada para la curación de tus enfermedades. ¡Dios mira y ve esto! Entonces Dios te librará, para que no desciendas al sepulcro antes de tiempo.

Y dice más en los siguientes versos:

"Tu carne será más verde que en tu niñez
y volverá a los días de tu juventud.
Orará verdaderamente a Dios, quien estará complacido con él,
y verá su rostro con alegría, y restaurará su justicia al hombre."
— Job 33:25-26 —

Orarás a Dios y Él se complacerá contigo, verá tu rostro con alegría y te restaurará tu justicia.

Hermano mío, hermana mía, ¡esto es muy fuerte! No hay problemas insolubles, ni enfermedades incurables, ni demonios que puedan derribar a una persona que cree en Dios con todo su corazón.

Sólo hay una cosa que puede derrotarte: **es tu falta de fe**. ¡Así que estad atentos!, porque incluso después de orar, el diablo puede querer tentarte, haciéndote mirar nuevamente a los síntomas que, a veces, aún no han desaparecido. Y él hará todo lo posible para hacerte dudar de tu oración. ¡No retrocedas ni un centímetro! ¡No vuelvas atrás! ¡No canceles tu oración!

La Biblia nos manda a caminar por fe, no por vista. ¿Por qué? Porque es en el mundo espiritual donde se libra la batalla, y es en el espíritu donde se gana la lucha. No tenemos la capacidad de ver lo que sucede en la dimensión espiritual. No sé cómo sucede, pero sé que sucede.

Y te daré algunos consejos. Cuando estéis pasando por una situación difícil, realmente dura, cuando estéis librando una lucha espiritual seria, contra cualquier problema, tratad de alejaros de las personas que no tienen la misma fe, aunque sean amigos, personas cercanas.

Evite hablar de sus problemas con personas que no respetan la Palabra de Dios. Estas personas son fácilmente manipuladas por el enemigo para hacernos no creer en las promesas del Señor. Y muchas veces el enemigo incluso utiliza a miembros de la familia para desviarnos de la fe.

La segunda actitud que debes tomar para que tu oración sea efectiva es meditar en las promesas de Dios, ¡siempre! Mira lo que está escrito:

"Hijo mío, presta atención a mis palabras;
A mis razones inclina tu oído.
No dejes que se aparten de tus ojos;
guárdalos en tu corazón.
Porque son vida para quien los encuentra,
y salud para tu cuerpo.
Por encima de todo lo que hay que guardar, guarda tu corazón,
porque de él proceden los frutos de la vida."
— Proverbios 4:20-23 —

Entonces, trata de apoderarte de las Palabras de Dios, de las promesas que garantizan una respuesta a tu petición, y no te dejes engañar por el diablo. No dejes que estas promesas se aparten de tus ojos. No te permitas olvidarlas. Meditad constantemente en ellas hasta que vuestros ojos vean la Gloria de Dios.

¿Tiene algún problema? Comienza a meditar en la Palabra de Dios. Aliméntate de las promesas del Señor. No dejes que tu corazón las olvide, hasta que tus ojos vean cumplido tu deseo, y hasta que veas el cumplimiento de cada una de las promesas del Eterno en tu vida.

Toma posesión de lo que pediste al Padre en oración y vive como si ya fuera una realidad en tu vida. Oró, pidió, considere que ya ha recibido. Y viva como si ya lo hubieras recibido, aunque todavía no estés viendo el resultado.

¿Sabes cuándo se cumplirá la Palabra de Dios en tu vida? Cuando das voz a Su Palabra. ¿Y cómo doy voz a la Palabra? Cuando confiesas lo que Dios dice acerca de ti. Cuando actúas según la Palabra, ésta se cumplirá.

La Santa Biblia narra un caso que sucedió, y está escrito en el Evangelio de Lucas, que una vez Jesús le habló a Pedro, y esto fue antes de que Pedro se hiciera discípulo; Él y su hermano Andrés eran pescadores, al igual que Santiago y Juan. Entonces Jesús se acercó y le dijo: "*Simón [Pedro], lleva la barca al medio del mar y echa tu red para pescar.*" A lo que Pedro respondió: "*Maestro, trabajamos toda la noche y no pudimos pescar nada...*"

Preste atención aquí, porque muchas veces Dios nos dice que hagamos cosas que no estamos dispuestos a hacer, pero debemos tener presente que Dios siempre quiere nuestro bien. Pero a veces no obedecemos y entonces perdemos la bendición.

Ciertamente los hermanos Pedro y Andrés estaban cansados y ansiosos de volver a casa a dormir, porque habían trabajado toda la noche y ya habían recogido y lavado sus redes. Y entonces viene Jesús y les dice: "*vayan, vuelvas a alta mar y echen las redes...* "

Quizás te esté pasando este mismo caso. ¿Cuánto tiempo llevas luchando por lograr algo y no has podido lograrlo? ¿Cuánto tiempo llevas luchando con un problema en tu hogar, en tu familia, o incluso quizás con una enfermedad en tu cuerpo, y no has podido encontrar una solución?

Tal vez incluso estés desanimado, así como Pedro ya estaba desanimado de pescar ese día. Él ya estaba convencido de que "*en este lugar no hay peces*", y tenía razón. Pedro era un pescador experimentado. Después de intentarlo durante toda una noche, ya se había convencido de que no tenía sentido continuar, porque no iba a pescar nada... allí no había peces.

¿Quién sabe si tú también ya estás desanimado porque sabes que tu caso no tiene solución? Lo has intentado todo y no ves salida... ¿Pero cómo es que no hay solución? ¡Por supuesto que hay! Porque con Dios las cosas son diferentes. ¡Solo necesitas confiar!

Esa noche Pedro casi vaciló. Seguramente debió decir, o al menos pensó en decir: "*Maestro, trabajamos toda la noche y no pescamos nada. ¿Cómo puede decirme que vuelva al medio del mar? Ya lavé el red... ¿Ahora voy a volver allí y echar la red otra vez? ¡Ya he luchado toda la noche y no he conseguido nada!*", como si Jesús no supiera eso.

¡Jesús conoce tu problema! ¡Él lo sabe! No es de extrañar que estés leyendo este libro. Dios siempre se acerca a nosotros cuando lo necesitamos. Precisamente por eso Jesús estaba allí, para dar la solución al problema, y Pedro casi desperdicia la oportunidad de ser bendecido.

Y cómo hay personas que desperdician la bendición porque no creen en lo que Dios dice. La persona dice: "*Ah, no tengo tiempo para leer la Biblia, no tengo tiempo para escuchar la predicación...*", pero si no tienes tiempo para escuchar a Dios, ¿Cómo quieres que Él tenga tiempo para escucharte? ¿No es verdad? ¿Y ahí?

Si quieres ser bendecido, es momento de que dejes de dudar y hagas lo que Dios te dice.

Pedro casi vaciló y casi dejó que el desaliento entrara en su corazón. Pero de repente debió recordar algo que Jesús ya había enseñado, porque estaba presente mientras Jesús enseñaba a la multitud, y Pedro de repente recordó algo que lo hizo luchar contra el cansancio de haber trabajado toda la noche y contra el desánimo. Entonces Pedro dijo:

"... Maestro, trabajamos toda la noche y no pescamos nada.
Pero sobre tu Palabra echaré la red.

Y mientras lo hacían,
recogieron una gran cantidad de peces,
de modo que su red fue rota.

E hicieron señales a sus compañeros
que estaban en la otra barca,
para que pudieran ayudarlos.

Y fueron y llenaron ambas barcas,
de modo que casi se hundieron."
— Lucas 5:5-7 —

Imagine la alegría. ¡Este es nuestro Dios! La Biblia garantiza que el Todopoderoso nos escucha y responde nuestras oraciones cuando éstas se hacen de acuerdo con su Palabra. Mientras insistas en orar fuera de la Palabra, no lograrás nada, así como Pedro pasó toda la noche y no pudo pescar ni un solo pez. Pero cuando actuó de acuerdo con la Palabra, cuando obedeció lo que Jesús dijo y creyó que debía hacerlo y lo hizo, el milagro sucedió.

Entonces, recuerda-te siempre que el Señor está vigilante de Su Palabra para cumplirla, pues esto está escrito:

"... Yo cuido de mi Palabra para que se cumpla."
— Jeremías 1:12 —

Ahora bien, recuerde también que Dios no tiene la obligación de hacer lo que no ha prometido. Hay mucha gente que lo entiende todo mal y anda por ahí afirmando que Jesús dijo que haría todo lo que le pidiéramos, y ese no es el caso.

Vea lo que dijo Jesús:

"Si permanecéis en mí, y mis palabras permanecen en vosotros, pedirás lo que quieras y te será hecho."
— Juan 15:7 —

Necesitamos estar en Jesús, habitar en él, y sus Palabras tienen que habitar en nosotros, es decir, en nuestro corazón, en nuestros labios, para tener confianza cuando oramos. Por eso Juan dijo:

*"Y esta es la confianza que tenemos en Él,
que si pedimos alguna cosa conforme a su voluntad, Él nos oye.
Y si sabemos que Él nos oye en cualquier cosa que pidamos,
también sabemos que tenemos alcanzado las peticiones
que le hubiéremos pedido."*
— 1 Juan 5:14-15 —

¡Sabemos que **<u>tenemos alcanzado</u>**!
Así es. Está garantizado.

» Tercera actitud: Aprenda a descansar en Dios.

Descansar en Dios: Esto es muy importante. El apóstol Pablo escribió a los filipenses diciendo:

"Por nada estéis afanosos;
sino sean conocidas vuestras peticiones delante de Dios en todo
con oración, y ruego y acción de gracias. Y la paz de Dios,
que sobrepasa todo entendimiento, guardará vuestros corazones
y vuestros entendimientos en el Cristo Jesús."
— Filipenses 4:6-7 —

No estar afanoso significa no estar inquieto, ansioso... No estéis, pues, afanosos. No te preocupes. No dejes que la preocupación ocupe tu mente. Jesús dijo:

"¿Y quién de vosotros puede, con todo su cuidado,
añadir un codo a tu estatura?"
— Mateo 6:27 —

En otras palabras, no importa cuánto te preocupes, ningún hombre tiene el poder de añadir ni siquiera un día a tu vida. No hay razón para preocuparse por lo que sucederá al día siguiente. La instrucción del Maestro es:

"No te preocupes por el día de mañana,
porque el día de mañana traerá su propia congoja.
Basta a cada día su aflicción."
— Mateo 6:34 —

Entonces no te preocupes por el día siguiente y por lo que pasará después, ¡no! Resuelve el problema de hoy. Mañana Jesús lo resolverá.

Jesús dijo:

*"Todo lo que el Padre me da, vendrá a mí,
y al que a mí viene, no le echo fuera jamás."*
— Juan 6:37 —

Cuando aquellos hombres que estaban escuchando el sermón del apóstol Pedro el día de Pentecostés le preguntaron qué debían hacer, Pedro les respondió:

*"Arrepentíos y bautícese cada uno de vosotros
en el nombre de Jesucristo, para perdón de los pecados;
y recibiréis el don del Espíritu Santo."*
— Hechos 2:38 —

Quizás esto es lo que te falta: Arrepiéntete de tus errores, ven a Jesús, bautízate para recibir el perdón de los pecados y el don del Espíritu Santo.

*"Porque para vosotros es la promesa,
y para vuestros hijos, y para todos los que están lejos;
para cuantos el Señor nuestro Dios llamare."*
— Hechos 2:39 —

Las promesas de Dios son para mí, son para ti y son para nuestros hijos. Y es nuestro derecho tener todo lo que Dios prometió. Cualquier promesa que vea en la Biblia, es para mí, para usted y para nuestros hijos. ¡Es nuestro derecho!

Todo lo que Jesús logró por nosotros es nuestro derecho. Cree de esta manera y tu bendición se hará realidad.

¡NUNCA ANULES TU ORACIÓN!

Ahora, aprenda algo muy importante. Si después de orar no ves un resultado inmediato, mantente firme, mantén tu confesión de fe y nunca pienses que es posible que no hayas orado adecuadamente. ¡No! Nunca pienses en eso. Nunca digas: "*mi oración no fue bien hecha*", ¡no! De lo contrario, estarás anulando tu oración por la duda.

Dios escuchó tu oración. No permitas que el diablo te engañe y te robe tu bendición. Hay casos en los que tenemos que perseverar en la oración, porque esta actitud nos ayudará a mejorar nuestra comunión con Dios.

Así que, preste atención, hasta que el resultado se manifieste, hasta que obtengas la bendición que deseas, ¡ore! Pero nunca repitas tu oración. No ores siempre de la misma manera. Cuando tengas que volver a orar por algo que aún no se ha cumplido, no ores siempre de la misma forma. Trate de hablar con Dios, recordándole las promesas que hizo. Diciéndole que continúas esperando que esa promesa se cumpla. Después de todo, es imposible que Dios mienta.

Recuerde lo que Jesús declaró al decir:

"Si permaneces en mí,
y mis palabras permanecen en ti,
pedirás lo que quieras y te será hecho."
— Juan 15:7 —

<h2 style="text-align:center"><u>ORACIÓN DE LA FE</u></h2>

Ahora quiero bendecirte.

— *Dios mío, en el Nombre de Jesús, te pido, según tu Palabra, que desciendas sobre esta persona la virtud, el poder de tu Espíritu, para sanar, liberar, bendecir esta vida, conduciéndola al pleno conocimiento de la amor de Cristo.*

— *Este amor que sobrepasa todo nuestro entendimiento.*

— *Y que el Señor, con tu paz, guarde a esta persona y la libre de todo mal.*

— *A ti, Padre, que eres poderoso para hacerlo todo, mucho más abundantemente de lo que pedimos o pensamos, según tu poder que obra en nosotros, te damos Gloria y Alabanza.*

— *Que la paz del Señor sea sobre esta vida, y que el Señor abrace a todos los que están en esta casa, y cuide de todos.*

— *Padre, en el Nombre de Jesús te damos gracias.*

— *¡Y así sea, para Honor y Gloria de tu Santo Nombre!*

— *Gracias a Dios.*

Capítulo 4:

¡ESTÉ SIEMPRE ATENTO A LO QUE DIOS DICE!

Siempre debemos estar agradecidos con el Señor por cada oportunidad que nos brinda de escuchar Su voz a través de la lectura de la Biblia. Este momento que el Señor Dios nos regala es un momento de poder. Y si estamos dispuestos a escuchar lo que Él tiene para decirnos, nuestra mente se abrirá, nuestro entendimiento se renovará y nuestro espíritu se fortalecerá con la fe que es capaz de transformar todo en nuestra vida.

Por eso, los invito a preparar su corazón para recibir la revelación que el Señor Dios nos dará. Esta revelación trae consigo el poder del Todopoderoso para perdonarnos, sanarnos, liberarnos de cualquier mal, y este poder que el Señor pone a nuestra disposición se libera a través de nuestra fe cuando oramos.

Vea lo que el apóstol Pablo escribió a los romanos:

"La noche ha pasado y el día ha llegado.
Rechacemos, pues, las obras de las tinieblas
y vistámonos de las armas de la luz."
— Romanos 13:12 —

La noche ya pasó: el tiempo de Satanás para oprimir a la humanidad ha pasado. El Hijo de Dios vino al mundo, se entregó para morir en nuestro lugar, muriendo en una cruz, pagando con su propia sangre la deuda que la humanidad tenía con Dios por el pecado de Adán, y luego Jesús vino a favor de nuestra causa. Él tomó sobre sí todos nuestros pecados, nuestras enfermedades, y se hizo maldición por nosotros, porque está escrito en Deuteronomio 21:23 y Gálatas 3:13 que *"maldito todo el que es colgado en un madero."*

¿Y por qué era esto necesario? Porque toda la humanidad había sido maldecida cuando Dios maldijo a Adán y Eva expulsándolos del jardín del Edén. Toda la tierra quedó maldita. Dios maldijo a Adán y Eva porque desobedecieron Su Palabra. Vea lo que está escrito en el libro del Génesis:

"... Y dijo Dios: "¿Quién te mostró que estabas desnudo?
¿Has comido del árbol del que te mandé que no comieras?"
Entonces dijo Adán: "La mujer que me diste por compañera,
ella me dio del árbol, y yo comí." Y el Señor Dios dijo a la mujer:
"¿Por qué has hecho esto?" Y la mujer dijo: "La serpiente me
engañó, y comí." Entonces el Señor Dios dijo a la serpiente:
"Por haber hecho esto, maldita serás más que todas las fieras
salvajes, y más que todas las bestias del campo; sobre tu vientre
caminarás, y polvo comerás todos los días de tu vida. Y pondré
enemistad entre ti y la mujer, y entre tu descendencia y la de ella;
él te herirá en la cabeza y tú le herirás en el calcañar."
Y a la mujer dijo: "Multiplicaré en gran manera tu dolor
y tu concepción; con dolor darás a luz hijos;
y tu deseo será para tu marido, y él se enseñoreará de ti."
Y dijo a Adán: "Por cuanto obedeciste la voz de tu mujer,
y comiste del árbol de que te mandé diciendo:
No comerás de él, maldita será la tierra por tu causa;
con dolor comerás de él todos los días de tu vida.
Espinas y también cardos os producirá;
y comerás la hierba del campo.
Con el sudor de tu rostro comerás tu pan,
hasta volver a la tierra; porque de ella fuisteis tomados;
porque polvo eres, y al polvo volverás.""
— Génesis 3:11-19 —

Vean que hasta entonces no hubo muerte, ya que los seres humanos fueron creados para vivir eternamente con su Creador. Éste siempre ha sido el plan del Eterno. Sin embargo, como está escrito, la desobediencia, el pecado, separa al ser humano de Dios.

Por la desobediencia, por el pecado de Adán y Eva, toda la tierra fue maldecida. Y la humanidad quedó sujeta a la esclavitud, a los males del diablo; todo porque el hombre se negó a obedecer a Dios.

Pero ese tiempo ya pasó. La noche ha pasado. Jesús vino, tomó sobre Sí toda la maldición, todo el pecado de la humanidad, y en las heridas que fueron causadas en Su cuerpo, por los azotes que tomó, Jesús tomó todas nuestras enfermedades, y las llevó consigo a esa cruz.

¡*EL DIABLO YA ES UM ENEMIGO DERROTADO!*

Jesús murió nuestra muerte, y descendió al infierno para llevar el Evangelio a las almas que allí estaban prisioneras, como dice en la primera carta del apóstol Pedro, (1 Pedro 3:18-20). Él, Jesús, predicó el Evangelio a aquellas almas que estaban en prisión, para que ellas también pudiesen ser liberadas. Y Jesús luchó contra el diablo y lo derrotó, como escribió Pablo a los Colosenses:

¡Acabó! Por eso el apóstol Pablo escribió diciendo:

"La noche ha pasado y el día ha llegado."
— Romanos 13:12 —

El tiempo de Satanás oprimir a la humanidad ha pasado. Pero todavía hay muchas personas que viven bajo opresión. ¿Y sabes por qué? Porque la mayoría de la gente todavía confunde **fe** con **creencia religiosa**.

El Evangelio de nuestro Señor Jesucristo no tiene nada que ver con la religión. El Evangelio es la buena noticia de Dios para nosotros, que nos dice que **el diablo ya no tiene ningún derecho legal para oprimirnos**. Porque ha amanecido la luz, y ha llegado el día.

El apóstol Juan escribió diciendo:

*"Y la luz brilla en las tinieblas,
y las tinieblas no prevalecieron contra ella."*
— Juan 1:5 —

"Allí estaba la verdadera luz, que ilumina a todo hombre que viene al mundo. Él estaba en el mundo, y el mundo fue hecho por él, y el mundo no lo conoció. A lo suyo vino, y los suyos no le recibieron. Pero a todos los que lo recibieron, les dio el poder para ser hechos hijos de Dios, a los que creen en su nombre;"
— Juan 1:9-12 —

¡Jesús es nuestra luz! ¡Y esa luz ya amaneció! ¡Ha llegado el día de nuestra bendición! Nuestra deuda fue pagada por Él. Fuimos comprados con Su sangre para Dios, fuimos aceptados en la familia divina y ya no tenemos que sujetarnos a los demonios.

El apóstol Pablo dijo:

"La noche ha pasado y el día ha llegado.
Rechacemos, pues, las obras de las tinieblas
y vistámonos de las armas de la luz."
— Romanos 13:12 —

Estamos haciendo un estudio sobre la oración, y este versículo es muy importante porque nos muestra que tenemos que **rechazar las obras de las tinieblas** y **ponernos las armas de la luz**, porque ya pasó la noche, y se acabó el tiempo que tenía Satanás para oprimir a la humanidad. Él no puede ni tiene ningún derecho legal a oprimirnos. ¡Ha llegado el día, es decir, el momento de recibir nuestra bendición es ahora! Podemos reclamar nuestro derecho y Dios nos lo concederá.

Sin embargo, ahora tenemos que rechazar todas las obras de las tinieblas. Todo lo que no es bueno, todo lo pecado, toda la actitud vil, todo lo que nos causa dolor, tristeza, sufrimiento, ¡tenemos que rechazarlo!

No basta que digas: *"Dios, líbrame de esto, no quiero, sáname..."*, ¡no! ¡Tienes que rechazar! Si llega la tentación de cometer un pecado, hay que rechazarla y decirle que se vaya. ¿Le vino un dolor? ¿Surgió una enfermedad? Rechace. No lo aceptes. Reprenda en el Nombre de Jesús y envíala lejas. Porque si Jesús ya me quitó mis enfermedades y mis pecados, ya no tengo por qué sufrirlos.

Hay que ser firme en este sentido. No podéis ceder, de lo contrario el diablo os oprimirá con sus malas obras.

Entonces, cualquiera que sea el problema, ¿es oscuridad? ¿Es algo malo? No lo aceptes. ¡Use tu autoridad en oración! Porque si eres una persona que realmente cree, tienes la autoridad para, en el nombre de Jesucristo, reprender, atar y prohibir que el mal te toque a ti o a lo que te pertenece. Use la autoridad que Jesús te dio y expulsa el mal que te aqueja.

La confusión de la religión

Mucha gente esta viviendo oprimida porque confunden todo... En lugar de prestar atención a lo que enseñan las Sagradas Escrituras, siguen los inventos de la religión, rezando al santo, balbuceando el rosario, haciendo promesas y novenas, encendiendo velas, y nada de eso funciona. ¡Dios te dio autoridad! Jesús vino y os dio autoridad para expulsar el mal, porque el mal ya ha sido vencido. Los demonios ya han sido despojados de su capacidad de oprimirnos.

Pero es necesario ocupar tu lugar en Cristo, como hijo, hija de Dios. Porque, como está escrito, a todo aquel que cree en Jesús se le ha dado el derecho de ser hechos hijos de Dios.

*"Allí estaba la verdadera luz, que ilumina a todo hombre que viene
al mundo. Él estaba en el mundo, y el mundo fue hecho por él,
y el mundo no lo conoció. A lo suyo vino, y los suyos no le
recibieron. Pero a todos los que lo recibieron, les dio el poder
para ser hechos hijos de Dios, a los que creen en su nombre;
Los cuales no son engendrados de sangre, ni de voluntad
de carne, ni de voluntad de varón, mas de Dios."*
— Juan 1:9-13 —

Entonces, si crees en Jesús, tienes este derecho de ser hijo de Dios, hija de Dios, y tienes la autoridad de expulsar el mal de tu vida y de tu dominio.

Dice aquí:

*"Rechacemos, pues, las obras de las tinieblas
y vistámonos de las armas de la luz."*
— Romanos 13:12 —

Tenemos que rechazar las obras de las tinieblas, rechazar todo lo que es malo, todo lo que es pecado y todo lo que es contrario a la voluntad divina para nuestras vidas. Tenemos que conocer nuestra autoridad, nuestros derechos, y no aceptar la opresión del maligno de ninguna manera.

ARMAS ESPIRITUALES MUY PODEROSAS
PARA VENCER CUALQUIER MAL

Tenemos que equiparnos con armas de luz. ¿Y cuáles son estas armas? Es todo entendimiento, toda la Palabra que Dios nos revela al leer la Biblia o cuando escuchamos la predicación. Todo lo que aprendemos de Dios son armas espirituales muy poderosas, que podemos y debemos usar para derrotar cualquier mal que se levante contra nosotros.

Lo que aprendes cuando estás leyendo la Biblia, o escuchando predicaciones, ese entendimiento que Dios te da, son armas que recibes para luchar contra el mal. Y puedes estar seguro de que cuando actúas de acuerdo con la fe y usas la Palabra del Señor, no quedará ninguna enfermedad en tu cuerpo, no habrá ataduras en tu vida, y ningún demonio se pondrá delante de ti.

No importa cuán mala sea la situación, no importa cuán grande sea la barrera que impide tu éxito o tu liberación, no permanecerá. Por mucho que el diablo intente atarte con cadenas de hierro, no lo conseguirá.

Dios le dijo al profeta Jeremías:

"¿No es mi palabra como fuego? Dice el Señor.
¿Y como martillo que quebranta la roca?"
— Jeremías 23:29 —

Mi querido, mi querida, trate de conocer cada vez más las Sagradas Escrituras, porque la Palabra de Dios es un fuego consumidor. ¡La Palabra de Dios es como un martillo que aplasta la roca! ¡La Palabra de Dios es el propio Dios! Y vuestro éxito en la oración depende de vuestra comunión con el Eterno.

No hay "reza milagrosa" y no hay "oración que rompe todo" si no estás en la Palabra. La Palabra de Dios es lo que te da la victoria. La oración sólo funciona cuando pones en práctica lo aprendido, y cuando determinas según la Palabra que el Señor te habló.

Así que esfuércese por entender la Palabra de Dios. Pídele sabiduría al Todopoderoso. Y cuando Dios te dé una revelación, aférrate a ella, porque esa Palabra, como todo lo que Dios pone en tu boca, es Su poder para vencer las fuerzas del mal.

¿Quieres salir victorioso en las oraciones? ¿Quieres tener éxito en la vida? Aprenda a orar y determinar según la Palabra de Dios.

Ahora bien, si no eres una persona que tiene el hábito de leer la Biblia, si no tienes tiempo para escuchar la predicación de la Palabra, nunca serás una persona llena de la presencia de Dios. No tendréis la revelación de la Palabra, porque Dios se revela sólo a quienes lo buscan de todo corazón.

Vea lo que Dios le dijo al profeta Jeremías:

"... me buscaréis y me encontraréis,
cuando me busquéis de todo vuestro corazón."
— Jeremías 29:13 —

Y estando vacíos de la presencia de Dios, a la hora de orar, vuestra oración falla, porque no estáis en comunión con el Altísimo. Usted no conoce las promesas de Dios para ti... no tienes intimidad con el Señor. Por eso es importante que leas, conozcas y medites siempre lo que dicen las Sagradas Escrituras.

LA MISIÓN Y LA AUTORIDAD DE UN HIJO DE DIOS

Entienda esto: **La Palabra de Dios es la máxima autoridad en el mundo espiritual.**

Y como se explica en el primer capítulo de este libro, Jesucristo es la propia Palabra de Dios, que vino al mundo en forma humana para cumplir el propósito de Dios a favor nuestro. Y Jesús declaró que todo aquel que cree en Él está revestido de autoridad para hacer las mismas obras que Él hizo.

"De cierto, de cierto os digo:
El que en mí cree, las obras que yo hago también él las hará;
y mayores que éstas hará; porque yo voy al Padre.
Y todo lo que pidiereis al Padre en mi nombre,
esto haré, para que el Padre sea glorificado en el Hijo.
Si algo pidiereis en mi nombre, yo lo haré."
— Juan 14:12-14 —

Esto se lo había dicho Jesús a sus discípulos antes de ser crucificado. Después de su muerte y resurrección Jesús nuevamente les recordó esta autoridad y la misión que debían cumplir.

Vea lo que está escrito en el Evangelio de Marcos:

"Por último, entonces, se apareció a los once,
mientras estaban sentados a la mesa,
y les echó en el rostro su incredulidad
y dureza de corazón, porque no habían creído
a los que le habían visto resucitado.
Y les dijo: Id por todo el mundo;
y predicad el Evangelio a toda criatura.
El que creyere y fuere bautizado, será salvo;
mas el que no creyere, será condenado.
Y estas señales seguirán a los que creyeren:
En mi Nombre echarán fuera demonios;
hablarán nuevas lenguas; quitarán serpientes;
y si bebieren cosa mortífera, no les dañará;
sobre los enfermos pondrán sus manos, y sanarán."
— Marcos 16:14-18 —

Este poder nos fue dado para que, como Él, también nosotros hagamos las obras de Dios. ¿Y cuál es la obra de Dios? Vea lo que dijo Jesús:

"Para esto se manifestó el Hijo de Dios:
para deshacer las obras del diablo."
— 1 Juan 3:8 —

Ésta es la obra de Dios: **deshacer las obras del diablo.**

¿Cuál es la obra del diablo? Todo lo que es malo en tu vida, todo lo que te estorba, que te quita la paz, que te quita la felicidad, que te quita tu progreso, tu prosperidad, tu éxito, eso es obra del diablo. ¡Y tienes que deshacer esta obra en el nombre de Jesucristo, y no sólo en tu vida, sino también en la vida de tu familia, de tus conocidos y de todos aquellos que Dios trae para ti!

El Señor también le dijo al profeta Jeremías:

"He aquí, pongo mis palabras en tu boca.
Mira, yo te he puesto hoy sobre las naciones y sobre los reinos,
para arrancar, para derribar, para destruir y para arruinar;
y también para construir y para plantar."
— Jeremías 1:9-10 —

Siempre que vamos a orar, tenemos que tener esto en mente. Debemos saber con certeza que cuando usamos la Palabra de Dios, tenemos el poder de desarraigar cualquier mal que el diablo haya plantado.

No importa si es un malo físico o espiritual, tenemos el poder de destruir, desmantelar y deshacer toda obra mala y tirar por tierra todo lo que no sea bueno.

Y también tenemos el poder de determinar que todo lo que Satanás destruyó en nuestras vidas sea rehecho, sea reconstruido, porque la Palabra de Dios es el martillo que tritura la piedra, y no hay barrera que impida al Señor actuar en la vida de esa persona que cree en él.

<u>ORACIÓN DE LA FE</u>

¿Vamos a orar?

— *Padre, vengo a tu presencia en el Nombre de Jesús, y oro por esta persona, que puede estar pasando por dificultades en la vida, enfrentando momentos difíciles, momentos de dolor, momentos de enfermedad, momentos de tristeza, de fracaso...*

— *¡Oh, Dios mío, envía ahora tu poder, según lo que dijo el Señor: "¡Yo soy el Señor que te sana!"*

— *Sana a esta persona que está enferma.*

— *Sana a esta persona que está sufriendo de dolores en el cuerpo, con graves problemas de salud... Y hay personas con graves problemas, Dios mío.*

— *Por eso quiero que Tu poder llegue ahora a esta vida, para liberar y destruir toda obra del diablo.*

— *¡Sea deshecha ahora, en el nombre de Jesús, toda esta mala obra!*

— *¡Ordeno a todo mal que abandone esta vida y no regrese nunca más!*

— *Gracias Señor, en el Nombre de Jesús.*

— *¡Y que así sea!*

Capítulo 5:

QUÉ HACER CUANDO NO ESTÁS CONSIGUIENDO VER EL RESULTADO DE TU ORACIÓN

Ahora tengo un mensaje rápido para ti que necesitas que Dios haga un milagro en tu vida. Tú que has estado buscando, orando, esforzándote, pero sin ver el resultado... ¿Qué tienes que hacer? **¡Hay que prestar atención a la Palabra de Dios!**

Quizás digas: *"He estado prestando atención..."*, pero aún no te has dejado envolver por la presencia divina. Es necesario preparar el corazón para estar en la presencia de Dios. ¿Y cómo hago eso? Desconectándome de las cosas que me rodean.

Si necesario, enciérrate solo en tu habitación y trata de mantenerte alejado de las personas que no son de la fe, porque incluso los familiares pueden quitarte la atención o, quién sabe, inhibirte de orar o hablar abiertamente con Dios sobre tus problemas.

Nada puede interrumpir nuestro momento con Dios. Este momento tiene que ser de extrema comunión, un momento de conexión completa con nuestro Padre Celestial. No puede haber nada que nos estorbe, nada que nos interrumpa, de lo contrario perdemos nuestra reunión con el Señor, y esto nos impide recibir la bendición.

¿QUÉ ES LA **FE?**

En el primer capítulo expliqué sobre la fe en Dios. Fe no es otra cosa, sino la certeza de que lo que entendiste de la Palabra de Dios, que es tu derecho, se cumplirá en tu vida si sólo haces lo que el Señor te manda.

Jesús dijo:

"Porque de cierto os digo que cualquiera que dijere a este monte: Quítate, y échate en el mar, y no dudare en su corazón, mas creyere que será hecho lo que dice, lo que dijere le será hecho."
— Marcos 11:23 —

Tal vez tengas un verdadero montón de problemas que tirar por la borda. Pero, aunque dices que tienes fe, tú no estás haciendo lo principal que Jesús mandó, que es HABLAR al monte.

Quizás incluso estés hablando con tu problema, diciéndole que se vaya, pero hablar por hablar tampoco sirve de nada. Hay que hablar con autoridad. Hay que exigir que salga basado en la Palabra de Dios. Tienes que citar lo que aprendiste que es tu derecho, tal como lo hizo Jesús con Satanás en el desierto. El diablo estaba allí tentando, haciendo propuestas, y Jesús rechazándolas... El enemigo no se rindió, hasta que Jesús dio la orden final:

"Entonces Jesús le dijo: Vete, Satanás, porque escrito está: 'Al SEÑOR tu Dios adorarás y a Él sólo servirás'. Entonces el diablo le dejó..."
— Mateo 4:10-11 —

Sólo tendrás éxito contra el mal después de asumirte verdaderamente como persona de Dios. Sólo tendrás éxito contra el mal si actúas según la autoridad que Jesús dio a todo aquel que cree en él. De lo contrario no lo lograrás. Si sois tímidos al orar, al determinar, si no usáis la autoridad que Dios os dio, y no usáis lo que os pertenece, como el Señor manda, el enemigo seguirá oprimiéndoos y riéndose en vuestra cara.

Aunque seas un hijo o una hija de Dios, recuerda-te que el diablo tentó al propio Señor Jesús. Él tienta a mí y tienta a ti. Si no estamos firmes en la Palabra y convencidos de que tenemos autoridad para expulsar el mal, y si no lo hacemos, seremos una persona fracasada y cobarde en la fe, tal como lo fueron los hijos de Efraín.

"Los hijos de Efraín armados, flecheros,
volvieron las espaldas el día de la batalla."
— Salmos 78:9 —

No hay mayor vergüenza que una persona que dice tener fe, acobardarse ante la acción del enemigo.

Cuando Dios nos da fe, también nos da la capacidad de actuar en Su Nombre. Cuando estamos en comunión con Dios, a través de Jesús, a través de la Palabra, en ese momento estamos revestidos de autoridad y tenemos el poder de hacer existir cosas que aún no existen, de echar fuera y de expulsar no sólo a un demonio, pero hasta el infierno entero si es necesario. Y todo sólo depende de la certeza que tengamos en la autoridad que hay en Jesucristo. Es decir, sobre la autoridad de la Palabra de Dios.

Hablar en el Nombre de Jesús es hablar en el nombre de la Palabra de Dios, de acuerdo con la Palabra. Es hacer que el sacrificio de Jesús cuente a nuestro favor. Es declarar la victoria del Señor Jesucristo en la cruz.

Victoria sí, porque todo lo que el diablo creía haber logrado, el gozo de los demonios, cuando Jesús estaba siendo crucificado, pronto se convirtió en desesperación cuando Jesús descendió al infierno, despojándolos de todo lo que le habían robado a Adán, resucitando al tercer día.

¡ESTAS SEÑALES SEGUIRÁN A LOS QUE CREEN!

Nunca podremos olvidar que nuestro enemigo ya ha sido derrotado. **¡El diablo es un enemigo derrotado!** Y después de vencerlos, Jesús, al resucitar, recibió de manos del Padre todo poder y autoridad, en el cielo y en la tierra, como él mismo dijo:

"A mí me ha sido dado todo poder en el cielo y en la tierra."
— Mateo 28:18 —

Y Jesús dio a sus discípulos autoridad para expulsar todos los demonios en su nombre.

"Y les dijo: Id por todo el mundo;
y predicad el Evangelio a toda criatura.
El que creyere y fuere bautizado, será salvo;
mas el que no creyere, será condenado.
Y estas señales seguirán a los que creyeren:
En mi Nombre echarán fuera demonios;
hablarán nuevas lenguas; quitarán serpientes;
y si bebieren cosa mortífera, no les dañará;
sobre los enfermos pondrán sus manos, y sanarán."
— Marcos 16:15-18 —

¡Ahí es donde está nuestra fe! Esta es nuestra garantía de que podemos hablar con el montón de problemas y decirles que salgan de nuestras vidas y se lancen al mar, y tendrán que obedecernos, porque nuestra autoridad viene de Dios.

Hay gente que dirá: "No... *Jesús dio autoridad sólo a sus discípulos...*", ¿y nosotros qué somos? Un discípulo es aquel que sigue a Jesús. Es el que aprende de Él, el que practica lo que Él hizo y lo que ordenó.

Jesús dijo: "*Y estas señales seguirán a los que creen: en mi nombre echarán fuera demonios...*"

Entonces, si crees y sigues la orden que Jesús te dio, sigues la enseñanza que Él te dio, tú también eres discípulo de Cristo. Y como discípulo, tienes la autoridad que Él te ha dado para expulsar demonios en Su Nombre. Y eso es lo que tienes que hacer con total seguridad, porque si dudas, estás despreciando la autoridad que Él te dio.

Y cuando Jesús dijo a los discípulos que si hablasen al monte y le ordenasen que saliese de allí y se arrojase al mar, sucedería esto, también advirtió que no podían dudar en su corazón de la autoridad que tenían para dar tales órdenes.

"Porque de cierto os digo que cualquiera que dijere a este monte: Quítate, y échate en el mar, y no dudare en su corazón, mas creyere que será hecho lo que dice, lo que dijere le será hecho."
— Marcos 11:23 —

En otras palabras Jesús dijo: "*Tienes que darle órdenes a la montaña y tienes que creer que lo que dijiste se hará. Tienes que confiar en tu autoridad.*"

En otras palabras, hay que creer, porque si eres una persona que no cree en lo que dice; Si ni siquiera crees en tu autoridad, ¿cómo puedes querer que el diablo crea que la tienes? Tú no tienes la autoridad... Jesús te la dio, pero tú no la recibiste, porque tu corazón aún tiene dudas de si, en realidad, eres un hijo o una hija de Dios.

RAZONES QUE PUEDEN ESTAR IMPIDIENDO TU BENDICIÓN

Y te diré una cosa: Si todavía no estás seguro de tu salvación, si todavía no estás seguro de que eres de Dios, usted aún no eres salvo. Quizás aún no seas una persona completamente convertida. Por eso no estás recibiendo la bendición que necesitas.

¡Tienes que tratar de vivir una vida dentro de los estándares trazados por Dios! Tienes que dejar el pecado, que santificarte, que dejar la deshonestidad, que dejar de mentir, tienes que dejar de poner excusas, que limpiar tu corazón; no puedes tener resentimientos ni rencores, no se puede dar paso a los celos, al orgullo, a la envidia, hay que dejar atrás los malos hábitos, hay que dejar los vicios... "*Ah, pero no puedo hacerlo...*", entonces mira lo que esta escrito:

"Entrega tu camino al Señor;
Confía en él, y él hará."
— Salmos 37:5 —

¿Qué significa entregar mi camino al Señor? Es comenzar a caminar como dice la Biblia. No es decir: *"Ah Señor, en tus manos está..."*, ¡no! Tengo que empezar a leer la Biblia, entender lo que está escrito, practicar según lo que está escrito, empezar a caminar de acuerdo con esa enseñanza y confiar en Dios, que Él me guiará y conducirá por el camino correcto. Y el resto, Él lo hará: Las cosas malas, Él las quitará de mi vida.

Por tanto, aplique tu corazón a conocer a Dios, a conocer su voluntad. Lea la Biblia diariamente. Dos o tres versos al día son suficientes. No necesitas leer mucho. Lee dos o tres versículos y medita en lo que lees, y ora para que Dios abra tu entendimiento. Y después, ore según lo que sientes en tu corazón, y crea que Dios te escucha.

Cuando nos involucramos con Su Palabra, Dios nos rodea con Su Espíritu. Así que aprenda a hablar con Dios y abra tu corazón. Hable con Él de tus problemas, sobre tus anhelos, tus sueños, tus deseos, hable de todo lo que te está pasando y deje que la presencia de Dios inunde tu corazón. En ese momento sentirás que Su Espíritu te envuelve. Y cuando sentir esto, pida lo que quieras y crea, porque Él te lo dará.

¡DIOS TE DIO EL DERECHO DE ELEGIR ENTRE BENDICIÓN Y MALDICIÓN!

Normalmente digo que nada nos sucede por casualidad. Y digo esto, no por mí mismo, sino porque la propia Biblia dice en Proverbios 26:2 que una maldición sin una causa no se puede cumplir.

"Como el gorrión en su vagar,
y como la golondrina en su vuelo,
así la maldición sin causa nunca vendrá."
— Proverbios 26:2 —

Según lo escrito en el capítulo 28 de Deuteronomio, al ser humano se le dio el derecho de elegir entre bendición y maldición. Y muchas personas todavía viven bajo maldición porque rechazaron la bendición de Dios, rechazaron vivir la vida que les propuso el Eterno: Una vida de justicia, rectitud y santidad.

Pero, aunque en el pasado usted has hecho cosas que dieron razones para que la maldición viniera sobre ti, debes saber que Jesús murió en la cruz precisamente para rescatarte y darte libertad. Sólo necesitas orar al Padre, confesar tus errores, renunciar a tu vida de pecados y pedir perdón.

"Si dijéremos que no tenemos pecado,
nos engañamos a nosotros mismos,
y no hay verdad en nosotros.
Si confesamos nuestros pecados, él es fiel y justo
para que nos perdone nuestros pecados,
y nos limpie de toda maldad."
— 1 Juan 1:8-9 —

NUNCA OLVIDES POR QUÉ JESÚS TUVO QUE MORIR CRUCIFICADO

Prácticamente todo el mundo sabe que Jesús murió en la cruz. Pero casi nadie se detuvo a pensar por qué tuvo que ser crucificado. Jesús simplemente no podría haber muerto de otra manera. ¡Él tenia que ser colgado de un trozo de madera! ¿Por qué? Porque de lo contrario Él no sería maldito. En otras palabras, su muerte no sería suficiente para liberar a la persona de la maldición descrita en la ley que Dios dio a través de Moisés.

Sólo al ser crucificado en el madero Él rompería las maldiciones sobre la vida de aquella persona que llegara a creer en Él. Mira lo que está escrito:

"Cristo nos redimió de la maldición de la ley,
haciéndose maldición por nosotros; porque está escrito:
Maldito cualquiera que es colgado en un madero;"
— Gálatas 3:13 —

¿Y qué significa esto? Significa que es nuestro derecho estar totalmente libres de todas las maldiciones que se describen en el libro de Deuteronomio, en el capítulo 28, en los versos 16 al 68. Todo lo que allí se describe, que es maldición de la ley, es nuestro derecho que seamos libres de eso porque Jesús se convirtió en maldición por nosotros.

Si Jesús no se tornase maldito por nosotros, muriendo en la cruz, todos seguiríamos siendo maldecidos, ya que no hay otra forma de redención. Tanto es así que el mismo Señor Jesús, momentos antes de ser traicionado por Judas Iscariote, oró tres veces al Padre, pidiéndole, si era posible, que cambiase su destino. Está escrito así:

"Y yéndose un poco más adelante, se postró sobre su rostro,
orando, y diciendo: Padre mío, si es posible, pase de mí este vaso;
pero no como yo quiero, sino como tú."
— Mateo 26:39 —

"Otra vez fue, segunda vez, y oró diciendo:
Padre mío, si no puede este vaso pasar de mí
sin que yo lo beba, hágase tu voluntad."
— Mateo 26:42 —

No hay ser humano sobre la faz de la tierra que no peque. Y pecar es precisamente transgredir el mandamiento divino. Si no fuera por la muerte y resurrección de Cristo, todos permaneceríamos bajo la maldición de la ley, porque cualquiera que tropieza en un solo punto de la ley se convierte en acusado de toda la ley. En otras palabras, se convierte en trasgresor de la ley, y sufrirá las penas previstas por su delito. Todas estas penas están descritas en el capítulo 28 de Deuteronomio, y son cosas muy graves.

¡Escríbelo para que puedas leerlo más tarde en tu Biblia! **Deuteronomio 28:16-68**. No olvides leer. Usted necesita leer esto para saber cuáles son las maldiciones de la ley, de qué te liberó Jesús y de qué tienes derecho a ser libre. Ninguna de estas maldiciones puede cumplirse en nuestra vida.

Si estás sufriendo alguna de estas maldiciones descritas en estos versículos, puedes reclamar tu derecho porque Jesús ya pagó con su vida para que tengas derecho a ser libre de todo. El Padre nunca se negará a conceder vuestra petición, ya que el sacrificio de Jesús fue para que vosotros fuerais liberados. Dios nunca negará esta petición.

Entonces, escríbelo: Deuteronomio capítulo 28, del verso 16 al 68. Léelo después en tu Biblia, para que puedas saber y ver si alguna de estas cosas todavía te sucede; y si es así, debes entrar en oración, hablar con el Señor y Él ciertamente te escuchará. Usted reclamarás tu derecho a la libertad, porque Jesús se convirtió en maldición en tu lugar.

En el capítulo 30 de Deuteronomio, el Eterno dijo a través de Moisés: "*Y será que cuando todas estas cosas vinieren sobre vosotros, la bendición o la maldición, que he puesto delante de vosotros, **y recordarlas** en medio de todos las naciones a las cuales el SEÑOR tu Dios te echare, **y te convirtieres al SEÑOR tu Dios, y oyeres su voz**, conforme a todo lo que yo te mando hoy, tú y tus hijos, **con todo tu corazón y con toda tu alma, el SEÑOR también volverá tu cautividad, y tendrá compasión de ti**…*" — En otras palabras, Él te liberará de esta prisión.

"*… y tendrá misericordia de ti, y te hará bien y te multiplicará más que a tus padres. Y el Señor tu Dios circuncidará tu corazón y el corazón de tu descendencia…*" — Esto se aplica a ti y también se aplica a tus hijos, y a todos los que descienden de ti.

Dios preparará sus corazones, "*… para que ames al SEÑOR tu Dios, **con todo tu corazón y con toda tu alma**, a fin de que vivas. Y pondrá el Señor, tu Dios, todas estas maldiciones sobre tus enemigos, y sobre tus aborrecedores, que te persiguieron. Volveréis y obedeceréis la voz del Señor; y obedeceréis a todos sus mandamientos. (…) Y te hará el SEÑOR tu Dios **abundar en toda obra de tus manos**, en el fruto de tu vientre, en el fruto de tu bestia, y en el fruto de tu tierra, para bien; porque el SEÑOR se convertirá para gozarse sobre ti para bien, (…) **cuando oyeres la voz del SEÑOR tu Dios**, para guardar sus mandamientos y sus estatutos escritos en este libro de la Ley,*" — ¿Qué libro? ¡La Biblia! — "***cuando te convirtieres al SEÑOR tu Dios con todo tu corazón y con toda tu alma.***"

¿Qué significa convertirse a Dios con todo el corazón? Significa abandonar todo lo que está en contra de la Palabra de Dios y empezar a vivir según lo que dice las Sagradas Escrituras. Al hacer esto, estás convirtiéndose; estás dejando el camino equivocado que caminaste antes y comenzando a caminar en el camino de Dios.

Entonces, "... *cuando te convirtieres al Señor, tu Dios, con todo tu corazón y con toda tu alma. Porque muy cerca de ti está la Palabra, en tu boca y en tu corazón, para que la cumplas. **Porque yo te mando hoy que ames al SEÑOR tu Dios, que andes en sus caminos, y guardes sus mandamientos y sus estatutos y sus derechos, para que vivas y seas multiplicado, y el SEÑOR tu Dios te bendiga...**"*

ORACIÓN DE LA FE

Entremos ahora en oración.

— *Padre, bendito es tu Nombre.*

— *¡Tú eres el SEÑOR!*

— *No hay otro como tú, Señor, porque como dijo el profeta Isaías, nunca, desde la antigüedad, con los ojos se vio y ni siquiera con los oídos se percibió un Dios fuera de Ti, que obra por los que en Él espera.*

— *¡Sólo tú, Señor, nos amas de verdad! Y tu amor nos fue demostrado cuando entregaste a tu Hijo Unigénito para que muriera en nuestro lugar.*

— *¡Padre, el Señor es maravilloso!*

— *Por eso estamos aquí, delante de Ti. Y no fuimos nosotros quienes te elegimos, sino que el Señor fue quien nos llamó y nos eligió, para que seamos tu pueblo.*

— *Oh Dios mío, pero muchos de nosotros todavía vivimos bajo opresión. Aunque fuimos comprados para Ti con la preciosa sangre de Cristo, muchos todavía están pagando una deuda que ya no existe.*

— *Muchos están sufriendo con enfermedades, muchos están padeciendo, están sendo afrontados, humillados, privados de sus derechos...*

— *Muchos no logran prosperar en la vida, Padre.*

— *Esta maldición fue rota hace más de dos mil años cuando Jesús dijo en la cruz: "¡Consumado es!"*

— *¡Nuestra liberación ya ha sido decretada! ¡Nuestro permiso de salida ya ha sido emitido! Y el diablo ya no tiene ningún derecho legal a oprimirnos.*

— *Y estamos aquí hoy, en el Nombre de Jesucristo, para llevar cautivo todo cautiverio, y atar con cadenas de fuego y poder a todo espíritu maligno que nos esté causando dolor, sufrimiento, en nuestro cuerpo o alma, ¡y eso es lo que vamos a hacer ahora!*

Entonces repita así conmigo, hermano mío, hermana mía. Repita esto en voz alta:

— En el Nombre de Jesús yo ato todo espíritu maligno que esté actuando en mi vida, en mi cuerpo, en mis negocios, en mis finanzas, en mi familia, y en todo lo que es mío, y mando:

— ¡Diablo, quita tu mano de todo lo que me pertenece!

— ¡Toma tu enfermedad, tu defecto físico, tu bulto, tu inflamación, tu infección, tu virus, tus bacterias, tu debilidad, toda tu inmundicia, toda tu inmoralidad, y en el Nombre de Jesús, sal de mi vida ahora, para no volver nunca más!

— Gracias Jesús.

— Que así sea para la Gloria de Dios.

— ¡Amén!

Capítulo 6:

<u>LA BENDICIÓN DE LOS QUE CONFÍAN EN DIOS</u>

"Bienaventurado el hombre cuya fuerza está en ti,
en cuyo corazón están los caminos allanados."
— Salmos 84:5 —

En otras palabras, este versículo nos está diciendo que feliz es aquel cuya fuerza está en Dios, el que tiene fe en Dios, el que es fuerte en el conocimiento de la Palabra, el que confía en lo que el Señor dice y pone en practica lo que aprende.

Jesús enseñó diciendo:

"Cualquiera, pues, que me oye estas palabras,
y las hace, le compararé al varón prudente,
que edificó su casa sobre la peña;
y descendió lluvia, y vinieron ríos, y soplaron vientos,
y combatieron aquella casa; y no cayó,
porque estaba fundada sobre la peña."
— Mateo 7:24-25 —

Y el salmista dijo:

"Bienaventurado el hombre cuya fuerza está en ti."

¡Querido mío, querida mía, haga de Dios tu fuerza! Llena tu corazón con las Palabras del Señor. Fortalécete en la fe, y verás que nada es imposible para ti.

Ahora vamos a estudiar dos declaraciones más que hizo el Señor Jesús, que son muy importantes para cualquiera que quiera obtener respuestas a sus oraciones.

No podemos desperdiciar esta capacidad que nos da el Señor, de hacer temblar la tierra y sacudir el infierno, trayendo sobre nosotros el poder de Dios y viéndolo hacer maravillas en medio de nosotros.

Si no queremos fallar en la oración, si queremos orar y ver la respuesta de Dios, necesitamos reflexionar en cada lección dada por el Señor Jesús, porque una de las razones por las que Jesús vino a este mundo fue para enseñarnos acerca de la Reino de Dios, y cómo tomar posesión de él.

Cualquier persona que desee ingresar en el Reino de Dios necesita conocer sus secretos. Cuando la humanidad aún vivía bajo el dominio de las tinieblas, esto fue antes de que Jesús viniera a despojar a los principados y potestades, y triunfar sobre ellos — Colosenses 2:15 —, y obtener la victoria para nosotros, mucho antes de esto, Isaías profetizara diciendo: "*Un Rey reinará con justicia,*" (Isaías 32:1), hablando de Jesús.

Él es el Rey de reyes y el Señor de señores. Isaías dijo que Él reinaría con justicia. No hay injusticia en el Señor. El Salmo 145 versículo 17 dice que: "*Justo es el SEÑOR en todos sus caminos, y santo en todas sus obras.*" Es decir, Él es fiel en todas Sus Palabras, y santo, perfecto, en todas Sus obras.

Entonces, Isaías está diciendo:

"Un Rey reinará con justicia,
y dominarán los príncipes según el juicio."
— Isaías 32:1 —

¡Aquí Isaías profetiza acerca de nosotros! Príncipes son los hijos del rey. Y aquí dice que los príncipes dominarán según el juicio. Nosotros, que fuimos hechos hijos de Dios, por creer en Jesucristo, aquí somos considerados príncipes, hijos del Rey. Y la Palabra dice que dominaremos según el juicio.

Entienda que sólo tendremos éxito en la vida espiritual y sólo tendremos dominio sobre las tinieblas si actuarnos según el juicio, según lo que Jesús hizo a nuestro favor. ¡Este es el juicio!

¿Y qué hizo Jesús por nosotros? Él dio su vida por nosotros. Él tomó sobre sí todas nuestras enfermedades, llevándolas todas en su cuerpo a la cruz, y murió en nuestro lugar, derramando su sangre para perdón de nuestros pecados, y nos hizo justos ante el Padre. Como está escrito en (Apocalipsis 5:10), Jesús nos compró para el Altísimo, con su sangre, y nos hizo reyes e sacerdotes para el Señor nuestro Dios.

¿Y todo esto para qué? Para que ya no tuviéramos que sufrir ni mendigar bendición ninguna, sino que nos llegaran las bendiciones que fueron prometidas a Abraham. Cuando entendemos esto, lo que Jesús hizo a nuestro favor, y comenzamos a actuar de acuerdo con este juicio, entonces nos convertimos en la justicia de Dios y tenemos la autoridad para actuar en su nombre.

Isaías continuó diciendo...

*"Y será aquel Varón como escondedero contra el viento,
y como refugio contra la tempestad;
como riberas de aguas en tierra de sequedad,
como sombra de gran peñasco en tierra calurosa."*
— Isaías 32:2 —

Note en este versículo que la palabra que fue traducida a nuestro idioma como **viento** se origina del término hebreo רוּחַ (ruach), que también significa espíritu.

Entonces, se puede entender que Isaías estuviera diciendo que este hombre, hablando de Jesús, sería para nosotros un escondite contra los espíritus malignos, aunque fuesen como una gran tormenta, una gran tempestad.

Y, de hecho, es Jesús quien nos protege. No importa lo que esté pasando en todo el mundo. Cualquier tormenta que te sobrevenga, aunque estés pasando por el peor momento de tu vida, Jesús es el refugio. Está escrito: "*será aquel Varón como escondedero contra el viento, y como refugio contra la tempestad.*" Él es el refugio. ¡Así que agárrate de sus manos y confía! Búscalo y mantente firme en él, y tu casa no caerá.

Jesús dijo que el que escucha y practica sus Palabras es como un hombre que construye su casa sobre una roca, y puede venir el viento, puede caer la tormenta, puede venir el diluvio, puede el mundo derrumbarse sobre ti, tú permanecerás firme, no caerás, porque tú estás fundado sobre la roca, que es Jesús.

Y dice más aquí: "*Y aquel hombre será (...) como riberas de aguas en tierra de sequedad.*"

La situación puede estar difícil, las cosas pueden estar feas, el mundo entero puede estar desmoronándose, tú no te desesperas. Dónde, desde el punto de vista de todos, las cosas no tienen esperanza, toda esperanza se ha secado, para ti será diferente. ¿Por qué? Porque el Señor es tu amparo contra las fuerzas del mal, es tu refugio ante la tormenta, y es tu arroyo de aguas, es decir, tu abastecimiento, tu provisión en los momentos difíciles, tu refrigerio... Por eso no te desesperas, ni te cansas, porque Él es tu manantial de aguas en el desierto y en la tierra seca. Él es tu refrigerio, el que da paz a tu alma.

Y más: "*... y es como la sombra de un gran peñasco en tierra calurosa.*"

Entonces, busque a Dios, y nunca deje de buscar al Señor, porque cuando nuestra situación estuviere complicada, cuando todos estuvieren aterrados, sin saber qué hacer, nosotros estaremos tranquilos, con la cabeza fría, porque estamos bajo la revelación de la Palabra. Usted estará a salvo a la sombra de esa gran Roca que es Jesús, la Palabra de Dios.

DOS GRANDES REVELACIONES

Y hablando de la revelación de la Palabra, tengo aquí, como dije, dos grandes revelaciones del Maestro que quiero transmitirles. Y el primero de ellos ya lo vimos al final del primer capítulo, ¿recuerdas? Jesús, hablando de la oración, dijo lo siguiente:

"De cierto os digo que
todo lo que ligareis en la tierra, será ligado en el cielo;
y todo lo que desatareis en la tierra, será desatado en el cielo."
— Mateo 18:18 —

He aquí un secreto que debemos aprender. Un secreto que Jesús reveló a quienes creen en él, **que tenemos el poder de atar y desatar cosas en la tierra y esto también se hará en el mundo espiritual.**

¿Recuerdas aquel ejemplo del caballo que vimos en el primer capítulo? Si alguien atar un caballo a un árbol, permanecerá allí hasta que alguien lo desate. Si nadie hiciere esto el pobre acabará muriendo de hambre o de sed, ya que no podrá liberarse por sí solo. Eso es lo que Jesús enseñó, que tenemos poder, y lo que atas, ¡permanecerá atado! Y lo que desatas quedará desatado. ¿Entendiste?

Así que preste atención a lo que Jesús nos dice aquí. Él dijo: "*De cierto, de cierto os digo...*" Repitió dos veces... "*De cierto, de cierto os digo...*" Significa verdad verdadera. ¡Es algo garantizado! Siempre que algo se repite dos veces en la Biblia, está garantizado, es correcto, — como toda Biblia es correcta —, y Dios tiene prisa por hacerlo.

Esto fue dado al hombre. Este derecho, este poder, les fue dado a quienes creen en Jesús. Él dijo: "*De cierto, de cierto os digo...*", os aseguro, en otras palabras, "*que todo lo que atéis en la tierra quedará atado en el cielo, en el mundo espiritual.*"

Observe cuán tontos somos a menudo... Vea cuánto perdemos al no meditar en las Palabras de Dios. Nos suceden muchas cosas porque permitimos que sucedan. En lugar de usar el poder y la autoridad que Jesús nos dio, permanecemos silenciosos, inertes. Simplemente dejamos que las cosas sucedan...

Si tenemos la autoridad y el poder para atar y desatar las cosas, aquí en la tierra y también en el mundo espiritual, ¡podemos hacer cualquier negocio, cualquier cosa! Podemos detener cualquier acción maligna en nuestras vidas y en las vidas de nuestros familiares. ¡Todo que tenemos que hacer es creer en el poder y la autoridad que nos da la Palabra de Dios, y actuar!

Pero no estamos ejerciendo el juicio. ¿Qué es "el juicio"? El profeta dijo:

"Un Rey reinará con justicia,
y dominarán los príncipes según el juicio."
— Isaías 32:1 —

El juicio es la Palabra de Dios. ¡Es lo que Él hizo por nosotros! Si no ejercemos el juicio, nuestra autoridad en Cristo, si no hacemos uso de lo que Él nos enseña, en lugar de dominar, seremos dominados. Y eso es lo que le ha pasado a mucha gente.

Las personas están dominadas por el miedo, por una enfermedad, por un problema físico, por un problema financiero, por una aflicción, por una angustia, por un demonio, todo porque no están ejerciendo su fe y poniendo en práctica lo que Dios enseña.

Vea lo importante que es para usted estudiar la Palabra de Dios. Mira qué importante es para ti escuchar la predicación para aprender cuál es tu derecho, y qué puedes y debes hacer, para no dejarte dominar por los demonios.

¡Los príncipes dominarán según el juicio! Si ejercitas el juicio, que es la Palabra de Dios, lo que Dios enseña, entonces dominarás.

"De cierto os digo que
todo lo que ligareis en la tierra, será ligado en el cielo;
y todo lo que desatareis en la tierra, será desatado en el cielo."
— Mateo 18:18 —

¿Qué está diciendo Jesús aquí? Que tenemos la autoridad para detener cualquier obra maligna, cualquier acción diabólica en nuestras vidas. Nuestra orden, cuando fuere dada en el Nombre de Jesús, será obedecida tanto aquí en la tierra como en el mundo espiritual, porque a Él, Jesús, se le ha dado todo poder (Mateo 28:18).

Esto significa que cuando cualquier mal invade mi territorio, cuando un demonio quiere tocarme, ya sea en mi cuerpo, en mi alma, en mis pensamientos, en mis finanzas, o en cualquier cosa que me pertenece, o que está bajo mi autoridad, puedo y debo reprenderlo, y no permitirle que lo haga.

¡Lo mismo ocurre contigo! Cuando un espíritu maligno se atreve a tocar algo que te pertenece, en tu territorio, en tu cuerpo, en tus pensamientos, en tus finanzas, donde sea... Tienes el derecho y la autoridad de reprenderlo y prohibirle actuar.

En el Nombre de Jesús tienes el poder de atarlo y él será inmediatamente atado. Esto sucederá en el mundo espiritual porque el diablo es un espíritu. Y el efecto de esto se verá en nuestra dimensión material.

Cuando detenemos el mal en el mundo espiritual, los efectos ocurren aquí en la tierra. En el mismo momento, las acciones de los demonios se interrumpen. El espíritu maligno, por más valiente que sea, al estar atado, pierde toda capacidad de causarnos daño a mí y a ti.

Entonces, sea una enfermedad, sea un desacuerdo, sea una propuesta indecente, una tentación de pecar, sea lo que sea, si nos damos cuenta de que es obra del enemigo, debemos atarlo y expulsarlo de nuestro territorio, con la certeza de que lo que atemos en la tierra también será atado en el cielo, y lo que determinemos en el Nombre de Jesús, será hecho.

"… todo lo que ligareis en la tierra, será ligado en el cielo;
y todo lo que desatareis en la tierra, será desatado en el cielo."
— Mateo 18:18 —

Llegó un dolor, una enfermedad, un bulto, cualquier problema, o una tentación para que cometas un pecado, ¡no lo aceptes! ¡Rechace y expulse este mal inmediatamente! Ordene que esto salga en el Nombre de Jesús, y no se preocupe más por nada, porque Jesús garantizó que esto sucederá en la dimensión espiritual.

Si todos supiesen esto, creyesen esto, y actuasen de acuerdo con las enseñanzas divinas, no habría lugar para que el diablo actuase en la vida de nadie. Nadie estaría sufriendo en este mundo. Al contrario, todo príncipe, hijo de Dios, estaría dominando según el juicio, como dijo el profeta Isaías.

Ahora, hay una segunda cosa que Jesús reveló. Preste atención porque esto también es importante. Estas son dos cosas muy importantes para que seas una persona victoriosa cuando oras. Ya has aprendido que tienes el poder de atar y expulsar el mal. Para atar y desatar. Y esto se hará en la tierra y en el cielo. Ahora Jesús dio otra revelación. Él dijo:

"Otra vez os digo, que si dos de vosotros se pusieren
de acuerdo en la tierra, de toda cosa que pidieren,
les será hecho por mi Padre que está en los cielos.
Porque donde están dos o tres congregados en mi nombre,
allí estoy en medio de ellos."
— Mateo 18:19-20 —

Hay un poder tremendo cuando dos o más personas se ponen de acuerdo en una oración, sobre cualquier necesidad. Entienda esto.

Una cosa muy importante: Cuando estéis pasando por una situación muy difícil, algo aparentemente irreversible, buscad una persona que comparta la misma fe, para que podáis orar juntos.

¡Unan la fe y oren juntos por el mismo propósito! Porque cuando dos o más personas oran juntas, según la Palabra, Jesús está presente, y Él garantizó que todo lo que dos o más personas acuerden en la tierra, también será acordado en el cielo: *"... de toda cosa que pidieren, les será hecho por mi Padre que está en los cielos"*, dijo Jesús.

Vea que hay un poder tremendo cuando dos o más personas se ponen de acuerdo en oración. Preste atención porque de todo lo que se puso en la Biblia, no se puso nada para engrosar el libro, ¡no! Todo lo que allí está escrito es para nuestro beneficio, para que podamos disfrutar de lo que Dios tiene para nosotros.

Es muy importante que leas y conozcas la Biblia. ¡Necesitas meditar en las Palabras de Dios diariamente, porque ahí está tu victoria, ahí está tu vida!

No sé cómo la gente puede decir *"No tengo tiempo para leer la Biblia..."*, ¿para qué tienes tiempo entonces? ¡Esta persona está desperdiciando su vida! Porque el poder para que vivas bien está aquí, en las Sagradas Escrituras. Si no puedes sacar un tiempo de tu día para leer, no puedes hacer nada más... Y el diablo se acuesta y rueda sobre ti.

Entonces, preste atención, todo en la Biblia es para que disfrutemos lo que Dios tiene para nosotros. Necesitamos aprender. Cuando actuamos según la Palabra de Dios, cuando damos voz a la Palabra y determinamos que algo se cumpla, cuando dos o más personas se ponen de acuerdo en oración, Jesús aseguró diciendo que *"esto le será hecho por mi Padre que está en los cielos."*

Jesús está garantizando que el Padre hará lo que nosotros, juntos en oración, acordamos y determinamos que se haga. En unos instantes oraré contigo. Nos pondremos de acuerdo en lo que necesites. Estaréis de acuerdo en oración, y el Padre lo hará.

Jesús dijo más:

"Si algo pidiereis en mi nombre, yo lo haré."
— Juan 14:14 —

Las traducciones bíblicas y el significado perdido de las palabras

Cuando tradujeron la Biblia, en muchos puntos se perdió el verdadero significado de las palabras, porque no todas las palabras pueden traducirse y mantener el mismo significado en otro idioma. Y en muchas cosas, cuando se traducen al español o cualquier otro idioma, los muchos significados de las palabras se pierden.

Aquí hay algo que siempre pensé que no tenía mucho sentido, en un momento Jesús dijo que todo lo que pidiéramos al Padre en su nombre, el Padre nos lo concedería, como está escrito en Juan 16:23, y en otra ocasión dice que si pedimos algo en Su nombre, Él lo hará. Eso no tenía mucho sentido para mí...

Cada vez que leía esto, aunque estaba de acuerdo porque creo que la Palabra de Dios siempre es verdadera, sentía que la traducción no me daba la comprensión correcta... Porque en un momento Él dijo que si pido en Su Nombre, el Padre me lo concederá. En otra ocasión dijo que si algo pido en Su Nombre, Él lo hará, para que el Padre sea glorificado.

Entonces, para mí eso no tenía mucho sentido... Hasta que una vez alguien me explicó este tema de las traducciones, y vi que en la versión griega, en el versículo de Juan 14:14, la declaración de Jesús fue: *"Si pedís algo en Mi Nombre que aún no existe, o que aún no es real, Yo lo traeré a existencia."*

¡Ahora si, tiene sentido! Porque esto justifica el hecho de que Jesús alimentó a una multitud de unos cinco mil hombres, sin contar mujeres y niños, con sólo cinco panes y dos pececillos.

Él trajo a la existencia mucho más de lo que había allí. Él multiplicó la comida e hizo aparecer tantos trozos como fueron necesarios. Esto está escrito en el evangelio de Mateo, en el capítulo 14, en los versos 19 al 21.

Recuerde también el caso de Pedro, de aquella maravillosa pesca en la que Pedro y sus compañeros habían trabajado toda la noche y no habían pescado ni un solo pez. No había peces allí, pero Jesús los hizo existir cuando Pedro decidió obedecer su voz. Y el resultado de esto fue que pescaron tantos peces que las redes se rompieron, y la barca casi se hundió, porque la barca no podía soportar aquel peso.

Todo esto no hace más que confirmar lo que está escrito en Romanos 4:17, donde dice que Dios hace existir lo que aún no existe, *"y llama a lo que no existe, como si ya existiera."*

Entonces, ¡mira qué cosa tan maravillosa! Si tienes un problema para el cual aún no hay solución, ¡Dios trae la solución a la existencia! Él hace existir esa solución, porque llama a las cosas que no son, ¡como si ya lo fueran!

Por eso la Escritura dice que el enfermo fue sanado por las llagas de Jesús (Isaías 53:5). Pero si el enfermo mira su propio cuerpo, seguramente dirá: *"Todavía estoy enfermo..."*, ¡Él está equivocado! Y ya ha sido sanado, porque Dios llama a las cosas que no son como si ya lo fueran, y ya fue, porque ya Jesús dio su vida por la persona, y ya tomó sus enfermedades en su propio cuerpo, cuando fue azotado y crucificado.

Pero entonces, ¿por qué el enfermo no ha visto curación en su propio cuerpo? ¿Por qué aún no ha recuperado la salud plena? **¡Porque él todavía no cree, en efecto, en lo que dicen las Sagradas Escrituras!** Tal persona aún no ha prestado atención a las Palabras del Señor, y aún no ha prestado atención a cómo Dios lo trata como a un hijo, diciendo:

"Hijo mío, no te olvides de mi ley,
y tu corazón guarde mis mandamientos,
porque ellos aumentarán tus días
y te añadirán años de vida y de paz.

No dejes que la bondad y la fidelidad te abandonen;
átalos alrededor de tu cuello;
escríbelas en la tabla de tu corazón.
Y hallaréis gracia y buen entendimiento
delante de Dios y de los hombres.

Confía en el Señor con todo tu corazón,
y no te apoyes en tu propia prudencia.
Reconócelo en todos tus caminos,
y Él enderezará tus veredas.

No seas sabio en tu propia opinión;
teme al SEÑOR, y apártate del mal.

Esto será salud para tu núcleo
y médula para tus huesos."
— Proverbios 3:1-8 —

Y Jesús dijo a Marta: *"¿No te dije que si crees, verás la gloria de Dios?"* (Juan 11:40).

Por tanto, **el enfermo necesita creer en las Palabras de Dios y aceptarlas como verdad absoluta.** ¡Solo entonces él tomará posesión de la cura!

<u>CUANDO DOS O MÁS PERSONAS ORAN POR EL MISMO PROPÓSITO</u>

Volviendo a lo que estábamos estudiando sobre los versículos de Mateo 18:19-20, lo que Jesús nos está diciendo es que en cualquier lugar donde haya dos o más personas, reunidas en su nombre, poniéndose de acuerdo en oración, allí Él está presente para hacer valer la oración.

Jesús declaró que tenemos la autoridad para atar y desatar cosas aquí en la tierra, y lo que determinemos aquí se hará en el mundo espiritual. ¡Necesitamos aprender esto! No podemos permitir que el diablo nos intimide y nos haga pensar que no hay forma de cambiar la situación, porque podemos, sí, revertir cualquier situación, problema o diagnóstico. ¡Puedes revertir! Jesús nos aseguró esto:

> *"Otra vez os digo, que si dos de vosotros se pusieren*
> *de acuerdo en la tierra, de toda cosa que pidieren,*
> *les será hecho por mi Padre que está en los cielos.*
> *Porque donde están dos o tres congregados en mi nombre,*
> *allí estoy en medio de ellos."*
> **— Mateo 18:19-20 —**

¿No estás teniendo éxito en tu oración? Intenta unirte en la fe con otra persona. Oren juntos y verán cumplida la Palabra del SEÑOR en su vida.

Cuando oramos juntos, en compañía del otro, todos con un mismo propósito, poniéndonos de acuerdo en lo que queremos, multiplicamos el poder de nuestra oración. ¿Vamos a hacer esto ahora?

Entonces enfoca tu fe. Orarás conmigo y juntos reclamaremos nuestros derechos, con la certeza de que Jesús está presente en medio de nosotros. Él está aquí conmigo y está junto a ti, dondequiera que estés, porque prometió que estaría dondequiera que dos o más personas se reúnan en Su Nombre, y estamos reunidos en Su Nombre, porque en el mundo espiritual no hay distancia entre nosotros, si estamos en la misma fe.

Si estás conectado en fe conmigo en la Palabra de Dios, entonces no hay distancia. Estamos juntos y estamos unidos. Y Jesús dijo que donde dos o más personas se ponen de acuerdo en la tierra, acerca de cualquier cosa que pidan, esto nos será hecho por nuestro Padre que está en los cielos. ¡Y lo hará ahora! Él resolverá tu problema.

ORACIÓN DE LA FE

Ore conmigo:

— *Padre, en el Nombre de Jesucristo entramos en tu presencia.*

— *Y Dios mío, estamos unidos en la fe, en la certeza de que el Señor cumplirá todo lo que el Señor dijo de nosotros.*

— *Y el Señor dijo que todo lo que acordemos en la tierra, será acordado en el cielo.*

— *¡Lo que atemos en la tierra quedará atado en el cielo, y lo que desatamos en la tierra quedará desatado en el cielo!*

— *En el Nombre de Jesucristo, ahora atamos el mal que está sobre nuestras vidas.*

— Dios mío, ahora me pongo de acuerdo en oración con este hermano mío, con esta hermana mía, que está orando y te pide ahora por su necesidad.

¡Dilo hermano mío, dilo hermana mía! ¡Ora a Dios! ¡Hable con Él ahora! ¡Hable! Hable con Él de tu problema, de tus necesidades, ¡porque Él está escuchando!

— Padre, alguien enfermo, alguien con necesidad económica, alguien desesperado, alguien preocupado, alguien con un problema insoluble... ¡Oh Dios mío, para Ti no existe nada insoluble!

— ¡No existe nada imposible para Ti!

— Entonces, Dios mío, escucha la oración de este hermano mío, de esta hermana mía, y lo que te piden ahora.

— En el Nombre de Jesucristo, uso la autoridad que está en el Nombre de Jesús, para atar todo mal en la vida de esta persona, y ordeno: espíritu maligno, en el Nombre de Jesús, suelta el cuerpo de esta persona, quita todo lo que has puesto en este cuerpo, sal de ella, sal de su familia, vete y no vuelvas!

— Diga: ¡Que así sea!

— Gracias a Dios.

Capítulo 7:

LA VERDADERA **FE** SE BASA EN LA **P**ALABRA DE **D**IOS

Antes de continuar nuestro estudio sobre la oración, quiero darle dos versículos del Salmo 21 que dicen:

> _"Porque el rey confía en el Señor,_
> _y por la misericordia del Altísimo, nunca flaqueará._
> _Tu mano alcanzará a todos tus enemigos;_
> _tu diestra alcanzará a los que te aborrecen."_
> **— Salmos 21:7-8 —**

Jesús enseñó que es necesario tener fe en Dios. Este verso dice: _"Porque el rey confía en el Señor, nunca flaqueará."_ Está escrito en (Apocalipsis 1:6) que para Dios fuimos hechos, reyes y sacerdotes, y porque confiamos en Él, aquí dice: _"por su misericordia, nunca flaquearemos"_, pero eso porque confiamos en el Señor. _"Porque el rey confía en el Señor, nunca flaqueará."_

El día que dejemos de confiar en el Todopoderoso, flaquearemos. Pero mientras nos mantengamos firmes y confiemos en Él, nunca flaquearemos. ¿Y qué dice en el versículo 8?

> _"Tu mano alcanzará a todos tus enemigos;_
> _tu diestra alcanzará a los que te aborrecen."_
> **— Salmos 21:8 —**

¿No es esto algo maravilloso? ¡Es la promesa de Dios para nosotros! Tenemos que velar por la Palabra, porque sólo así se renueva nuestra esperanza, se fortalece nuestra fe y nuestra oración se convierte en un arma infalible contra las fuerzas del mal.

¡Pero Jesús dijo que debemos tener fe en Dios! No fe en ninguna otra cosa... Fe en Dios.

La fe en Dios es una fe sobrenatural. Es algo que no puedo ver, no puedo tocar, pero puedo sentir. Aunque no lo sienta el simple hecho de que sé que Dios no es hombre para mentir, ni hijo de hombre para arrepentirse y volverse atrás en lo que dijo, esto ya me da la certeza de que recibiré mi bendición.

> *"Dios no es hombre, para que mienta;*
> *ni hijo de hombre para que se arrepienta.*
> *El dijo, ¿y no hará?*
> *Habló, ¿y no lo ejecutará?"*
> **— Números 23:19 —**

La verdadera fe se basa en la Palabra de Dios. No en nuestros sentidos, ni en nuestras emociones, ni siquiera en lo que ven nuestros ojos, sino en la certeza de que Dios hará todo lo que ha dicho. ¡Eso es fe!

No es que Él hará todo lo que imagino, pero, que Él hará todo lo que dijo que haría. Esto es tener fe en Dios. Es saber que mi petición será respondida cuando estuviere conforme a la voluntad de Dios, conforme a Su Palabra.

Todo lo que pida según Su Palabra, Él me escuchará. Y si Él me escucha, sé que he logrado lo que pedí. No importa si es algo imposible, porque la palabra imposible simplemente no existe en el diccionario de Dios. Para Él todo es posible.

**D**ONDE DOS O TRES ESTUVIEREN REUNIDOS EM **M**I **N**OMBRE...

En el capítulo anterior vimos que si hay algo que el infierno odia es cuando dos o más personas se reúnen para orar por cualquier cosa, porque Jesús afirmó que el Padre no dejará de conceder tal pedido.

Cuando dos o más personas comienzan a ponerse de acuerdo en oración, el infierno tiembla, porque donde dos o más personas se reúnen en el nombre de Jesús, allí está presente el mismo Señor Jesús, y esta oración, donde dos o más personas se ponen de acuerdo en un mismo propósito, es infalible. Recuerde lo que Jesús declaró y guarde esto en tu corazón:

"De cierto os digo que
todo lo que ligareis en la tierra, será ligado en el cielo;
y todo lo que desatareis en la tierra, será desatado en el cielo."
— Mateo 18:18 —

Hay muchas personas que pierden bendiciones porque no actúan de acuerdo con lo que Jesús enseñó y no usan la Palabra que Jesús les dio para usar.

Jesús dijo que todo lo que ates en la tierra quedará atado en el cielo, en el mundo espiritual. Pero usted ves el mal actuando en tu vida y no lo atas. Parece que te da vergüenza pronunciar la Palabra de Dios, y es la Palabra que te da la victoria.

Y Jesús continuó diciendo:

*"Otra vez os digo, que si dos de vosotros se pusieren
de acuerdo en la tierra, de toda cosa que pidieren,
les será hecho por mi Padre que está en los cielos.
Porque donde están dos o tres congregados en mi nombre,
allí estoy en medio de ellos."*
— Mateo 18:19-20 —

¡Mira qué importante es para ti escuchar la predicación! Ahora estamos reunidos en el nombre de Jesús. No importa que esté físicamente alejado de ti, porque estamos juntos, unidos en la fe, reunidos en su nombre, y en esa hora lo que acordamos en la misma fe, lo hará el Padre que está en los cielos. Eso es lo que dijo Jesús.

Pero, si puedes reunirte físicamente con más personas que comparten la misma fe, ¡aún mejor! Note que en ningún momento Jesús dijo que tienes que estar en una iglesia, o en un templo, ¡no! No es necesario que estés participando en un culto o ceremonia religiosa, ¡no!

Jesús dijo: "*donde están dos o tres congregados en mi nombre*", y esto puede ser en tu casa, en tu sala, en la mesa del almuerzo o de la cena... Dondequiera que te reúnas en Su nombre, para escuchar Su Palabra, para hablar y determinar según la Palabra, para ponerte de acuerdo sobre un mismo propósito, ¡allí está Él presente!

*"Porque donde están dos o tres congregados en mi nombre,
allí estoy en medio de ellos."*
— Mateo 18:20 —

Y Jesús añadió más, diciendo:

"Si algo pidiereis en mi nombre, yo lo haré."
— Juan 14:14 —

Entonces, lo que Jesús está diciendo aquí es que en cualquier lugar donde dos o más personas estén de acuerdo, reunidas en Su nombre, allí Él estará con ellos para dar respuesta a la oración.

En Hebreos 10:38 está escrito:

"Pero mi justo vivirá por la fe;
y si retroceder, mi alma no se complace en él."

Preste atención a esto, porque es algo muy importante. Estamos perdiendo muchas bendiciones porque no creemos y no practicamos la Palabra.

Desde el momento en que Jesús nos dio la autoridad y el poder para atar o desatar cualquier cosa aquí en la tierra, y garantizó que esto se hará en el mundo espiritual, ¡solo aquellos que no creen no tienen victoria!

La mayoría de las personas, en lugar de creer en el Señor Jesús, creer en lo que Él dijo, y usar la fe en Su nombre para atar al diablo, están dejando que el diablo ate sus vidas.

¡Tenemos que aprender y tenemos que actuar como nos enseña la Palabra de Dios! Si Jesús dijo *"lo que atéis en la tierra quedará atado en el cielo"*, cuando algún mal viene a atacarme, ¿qué tengo que hacer? ¡Tengo que usar la autoridad que Él me dio y atar este mal, prohibiéndole actuar en mi vida!

Si algo anda mal contigo, en tu hogar, en tu familia, en tu trabajo, en fin, ¡use la autoridad que Jesús te dio! Si no puede resolverlo solo, invite a otra persona de fe a orar con usted. Y con fe en la Palabra de Dios, use la autoridad que te dio Jesús para atar el mal y expulsarlo de tu vida.

¡TOME POSESIÓN DE LO QUE TE PERTENECE!

El error de muchos es que ante cualquier problema, la persona sigue orando y pidiendo a Dios que resuelva la situación... ¡Está errado! No es así que debemos orar. Y a menudo hacemos esto. No voy a decir que es completamente equivocado, no... Pero esta no es la oración de la fe.

¿Puedo pedirle a Dios que me ayude? Puedo. Pero la oración de la fe es diferente, es una oración poderosa. Es una oración donde confirmo, donde hablo según lo que dice la Palabra, y veo el resultado.

Esta cosa de oración pasiva es cosa de persona religiosa, que habla mucho pero no consigue nada. Usted tiene que conocer tus derechos, que están garantizados por las Sagradas Escrituras, y exigir que se cumplan, porque es vuestro derecho, y mediante la oración usted determina que esto se haga en el nombre de Jesús. Esta es la oración de la fe.

"Pero mi justo vivirá por la fe;
y si retroceder, mi alma no se complace en él."
— Hebreos 10:38 —

"Mi justo..." ¿Qué significa ser justo? Justo es el que practica la justicia. ¿Y qué es practicar la justicia? Espiritualmente hablando, es practicar la Palabra de Dios. Es hacer lo que el Señor Jesús nos ordenó hacer.

Entonces, cuando dice: *"mi justo vivirá por la fe"*, significa que tenemos que poner en práctica nuestra fe si queremos tener vida, la vida que Jesús prometió darnos. La vida abundante que Él vino a traernos.

"... yo he venido para que tengan vida,
y para que la tengan en abundancia."
— Juan 10:10 —

En lugar de orar pidiéndole a Dios que resuelva nuestro problema, tenemos que hacer nuestra parte. ¿Cuál es nuestra parte? ¿Qué dice la Escritura?

"Cercana está la Palabra, en tu boca y en tu corazón.
Esta es la Palabra de fe, la cual predicamos."
— Romanos 10:8 —

Por tanto, note que actuar por fe significa creer con el corazón y confesar con la boca.

Cuando los discípulos quedaron asombrados, mirando aquella higuera que Jesús maldijo, viendo que se había secado completamente desde la raíz, el Señor les dijo: "*¡Tened fe en Dios!*". ¿Qué significa tener fe en Dios? Es estar seguro que el Altísimo cumplirá todo lo que prometió. Esto es tener fe en Dios.

Jesús dijo:

"Tened fe en Dios. Porque de cierto os digo que cualquiera
que dijere a este monte: "Quítate, y échate en el mar",
y no dudare en su corazón, mas creyere que será hecho
lo que dice, lo que dijere le será hecho."
— Marcos 11:22-23 —

Pero, ¿qué sucede? La persona tiene muchos problemas y no confiesa la Palabra de Dios. Ella no se vuelve contra su problema, no lo llama por su nombre, y no le dice: "*Vas a salir de aquí y te arrojarás al mar, en el nombre de Jesucristo, porque está escrito y Jesús dijo que si yo digo a ti "Quítate, y échate en el mar", saldrás de aquí y te lanzarás al mar. Esto se hará, porque creo en mi corazón y no dudo."* Si la persona creyese y determinase, sucedería, porque es palabra de Jesús.

Cuando confesamos la Palabra, es decir, cuando damos voz a la Palabra de Dios, cuando determinamos con fe, con certeza, lo que Él dijo y exigimos que se haga, así se hace. Cuando hacemos lo que Él ordenó, el milagro ocurre, porque el Señor dijo:

"... yo velo sobre mi Palabra para cumplirla."
— Jeremías 1:12 —

Dios vela por su Palabra. Todo lo que sale de su boca, Él está vigilante para que se cumpla, cuando es mencionado. Ahora, esté seguro de una cosa, el poder en la oración lo tiene aquella persona **que es de Dios**. No crea que cualquiera puede simplemente tomar la Biblia, citarla, y que Dios le responderá y le concederá todo lo que quiera, porque el Señor también dijo:

"... a los que me honran, los honraré,
pero a los que me desprecian, serán despreciados."
— 1 Samuel 2:30 —

Hay mucha gente orando, orando, orando y no obtienen nada. ¿Por qué? Primero, porque no tienen fe verdadera, porque si tuviesen fe respetarían la Palabra de Dios.

Cuando una persona no respeta la Palabra, no tiene sentido tomar la Biblia y citar lo que dijo Jesús, o lo que está escrito, porque no funcionará... La persona no honra a Dios. Ella no es parte de la familia de Dios. Ella no tiene derecho a tomar el nombre de Dios, porque quienes tienen derecho a usar el nombre son sus hijos. A estos pertenece el nombre.

Pero las personas que no honran a Dios, están despreciando la Palabra, y ellos también serán despreciados.

Mira lo que está escrito:

*"También a los impíos dice Dios:
¿Qué hacéis al recitar mis estatutos
y al tomar mi pacto en vuestra boca,
viendo que odiáis la corrección
y desecháis mis palabras detrás de vosotros?"*
— Salmos 50:16-17 —

Así que, ¡mira bien! Habrá gente que escuchará todo esto y luego dirá: *"no funciona, no funcionó... es todo mentira..."*, ¡pero no lo es! Mentira es lo que el diablo está poniendo en sus corazones, para que no obedezcan y no respeten la Palabra de Dios. Porque al practicar lo que es contrario a las escrituras, tales personas no tendrán poder ni autoridad sobre el mal, porque están haciendo la voluntad de Satanás. En otras palabras, **<u>estas personas están dando legalidad al mal para actuar en sus vidas.</u>**

Ahora, cuando comienzas a respetar la Palabra de Dios, te corriges de tus errores, te conviertes de tu mal camino y recibes a Jesús como Señor [Dueño] absoluto de tu vida, te conviertes en un hijo, una hija de Dios. A partir de entonces, tienes derecho a utilizar el nombre de la familia, el Nombre de Jesús. Este Nombre es lo que hace que suceda el milagro.

Vea que Dios promete honrar a aquellos que le honran. ¿Cómo honro al Señor? Viviendo conforme a la Palabra. No siendo hijo o hija que avergüenza al Padre, pero siendo alguien que le ama y le obedece.

*"... a los que me honran, los honraré,
pero a los que me desprecian, serán despreciados."*
— 1 Samuel 2:30 —

El Cuerpo y la Sangre de Cristo

No me corresponde a mí emitir ningún juicio. No tengo que juzgarte. Digo esto porque a veces has estado luchando con un problema durante años, y tu problema nunca se resuelve; has estado aprendiendo sobre la oración durante mucho tiempo, pero tampoco has funcionado para su caso... Te estoy enseñando por qué tu oración no funciona. ¡Porque la oración tiene que funcionar!

La Palabra de Dios es fiel y verdadera. Todo lo que Jesús dijo, así es, y no hay manera de que no funcione. Pero se usted eres una persona que no le ha dado la debida importancia a la Palabra de Dios, si no obedeces lo que dice la Biblia, si no aceptas la corrección, entonces de nada sirve clamar por ayuda divina, porque en el momento de necesidad querréis recitar las Escrituras, pero no tenéis parte en ellas.

El apóstol Juan dijo (1 Juan 2:6) que el que dice ser de Cristo debe también caminar como él caminó, y hay muchas personas que nunca ven el resultado de sus oraciones porque no caminan según la Palabra. Entonces, si esto te ha sucedido, examínate. Examina tu forma de vivir.

El apóstol Pablo dijo:

"Por tanto, pruébese cada hombre a sí mismo,
y coma así de este pan y beba de esta copa."
— 1 Coríntios 11:28 —

El pan y el vino, que en la Santa Cena simbolizan el Cuerpo y la Sangre de Cristo, que fue entregado por nosotros en el Calvario, es lo que nos une a Cristo. Y esta unión se hace mediante nuestra obediencia a la Palabra. Comer el pan y beber la copa significa que te alimentas de Cristo. Y alimentarse de Cristo significa absorber cada Palabra, cada enseñanza que fue dada, y respetarla, y asumir eso en tu vida.

Comer la Carne y beber la Sangre del Hijo de Dios significa tomar tu lugar en Cristo, en la Palabra, y cumplir tu papel de hijo, de hija de Dios.

No se trata sólo de ir a la iglesia y comer un trozo de pan y beber jugo de uva para estar en comunión con Dios. No es participar en un ritual y comer la hostia consagrada lo que te hará entrar en comunión con Dios. La comunión con Dios la tiene aquella persona que vive su Palabra, como dice el Salmo 91:

"El que habita en el escondedero del Altísimo,
a la sombra del Omnipotente descansará."
— Salmos 91:1 —

En otras palabras, la comunión con Dios la tienen quienes habitan en la Palabra de Dios, quienes hacen de ella su hogar. No es el que de vez en cuando lee un verso, ni el que de vez en cuando escucha una predicación... ¡No!

Es lo que habita en la Palabra, que diariamente medita en las Palabras de Dios, y constantemente pone en práctica las enseñanzas. Esta persona, sí, descansa a la sombra del Todopoderoso. En otras palabras, esta persona se apoya en la Palabra de Dios, — y construye su casa sobre la roca, como dijo Jesús —, porque sabe que todo lo que Dios ha prometido, Él es fiel a Sus promesas y las cumplirá.

A esta persona el Señor responde prontamente cuando clama, porque es quien come la carne y bebe la sangre de Cristo. Pero quien no se alimenta de la Palabra, no esta comiendo del cuerpo de nuestro Señor.

Jesús dijo:

"El que come mi carne y bebe mi sangre,
permanece en mí y yo en él."
— Juan 6:56 —

Cuando lees la Biblia todos los días, escuchas la predicación, te expones al Señor, y tienes una comunión sincera con Él, estás comiendo Su carne. ¡Cuando reconoces tus errores y te conviertes, estás bebiendo Su sangre, que fue derramada en la cruz a tu favor!

Jesús dijo que *"el que come mi carne y bebe mi sangre, él permanece en mí, y yo en él"*. Estarás permaneciendo en Cristo cuando te alimentares de Su Palabra. Y Cristo dijo más:

"Así como el Padre viviente me envió, y yo vivo por el Padre,
así el que se alimenta de mí también vivirá por mí."
— Juan 6:57 —

Entonces, como ya expliqué, alimentarse de Jesús significa alimentarse de la Palabra. Quien no se alimenta de Él, no permanece en Él. Cualquiera que no lea la Biblia diariamente no permanece en la fe. Se pierde, se olvida, se olvida de las promesas, y cuando llega el mal la persona no tiene fuerzas, no tiene palabras para combatir ese mal. Sin Jesús, no podemos hacer nada.

"Yo soy la vid, vosotros los pámpanos;
el que permanece en mí, y yo en él, éste lleva mucho fruto;
porque sin mí nada podéis hacer."
— Juan 15:5 —

<u>*LAS ALABANZAS Y LA ADORACIÓN FORTALECEN TU FE*</u>

Si tú eres una persona celosa de Dios, que respeta la Palabra, y aún así no logras superar cierta situación, — preste atención porque ahora estoy a hablar de otro tema —, tú que eres una persona celosa de Dios, que respeta la Palabra de Dios, que cree en la Palabra, que practica lo que aprendes, y estás orando, estás buscando una solución a un problema, pero no logras conseguirla, intente parar de orar y empiece a alabar a Dios.

En Proverbios 13:12 está escrito que *"la esperanza que se tarda debilita el corazón."*

Cuando oramos mucho tiempo buscando una bendición y no la recibimos la tendencia es que nuestro corazón, nuestra fe, comience a enfriarse. Cuando oramos por muchos días y la respuesta no llega, nuestro corazón comienza a flaquear y debilitarse en la fe, y esto es lo que nunca puede suceder, pero generalmente sucede. Y en este momento es bueno parar de orar y empezar a alabar. Comience a alabar al Señor.

Cuando recordamos las grandes obras del Señor fortalecemos nuestro corazón y lo mantenemos libre de las dudas que el enemigo intenta sembrar. Y además, cuando ensalzamos al Señor, confesamos nuestra entera confianza en él. Dios se complace con nuestra alabanza, y esto nos fortalece espiritualmente, como está escrito en (Nehemías 8:10), *"... el gozo del Señor es nuestra fortaleza."*

Lo que mucha gente no sabe es que la alabanza y la adoración tienen tanto poder como la oración. Hay momentos en que en lugar de orar, ¡deberíamos alabar! Alabar y dar gracias a Dios por la victoria que esperamos. ¡Y entonces ella viene! Hay un momento en el que hay que dejar de pedir, y empezar a exaltar el Nombre del Señor y adorar el Nombre poderoso de Dios, por las maravillas que Él ha hecho.

Empiece a traer a la memoria las grandes y poderosas obras de nuestro Dios y a confesar todo lo que el Altísimo ha hecho en el pasado. Comience a exaltar el Nombre del Señor, a alabarlo, a invocar su poder, y verás que las cosas se resolverán. En poco tiempo verás que el poder de Dios ha venido sobre ti, y la situación, que antes parecía complicada, será resuelta.

En el capítulo 16 del libro de los Hechos tenemos una historia sobre Pablo y Silas, — historia real —, que tuvo lugar en la ciudad de Φίλιπποι (Filipos), una importante ciudad del antiguo Imperio Romano, ubicada en Grecia, aproximadamente a 13 km del Mar Egeo, al noroeste de la actual ciudad de Καβάλα (Kavala).

Pablo y Silas fueron arrestados, azotados y echados en la cárcel. Está escrito así:

"Y se agolpó el pueblo contra ellos;
y los magistrados rompiéndoles sus ropas,
les mandaron azotar con varas.

Y después que los hubieron herido de muchos azotes,
los echaron en la cárcel, mandando al carcelero
que los guardase con diligencia, el cual, recibido este
mandamiento, los metió en la cárcel de más adentro;
y les apretó los pies en el cepo."
— Hechos 16:22-24 —

¿Por qué sucedió esto? Sucedió que Pablo y Silas estaban en la ciudad predicando el evangelio, y había en la ciudad una joven que era esclava, y tenía un espíritu de adivinación, el cual daba grandes ganancias a sus amos. Y cuando la niña vio a Pablo y a Silas, comenzó a caminar detrás de ellos diciendo: *"Estos hombres que os anuncian el camino de la salvación son siervos del Dios Altísimo."*

Esta muchacha hizo esto por muchos días, repitiendo las mismas palabras. Y sucedió hasta que Pablo se sintió incómodo con esa situación, y en cierto momento se detuvo, se volvió hacia la niña y le dijo al espíritu: "*¡En el Nombre de Jesús, el Cristo, te mando que salgas de ella!*", y en la misma hora el demonio salió.

Y aconteció que cuando los amos de aquella joven vieron que ya nada podía adivinar, y vieron que se había perdido la esperanza de obtener ganancias, entonces arrestaron a Pablo y a Silas, los arrastraron a la plaza, los llevaron ante las autoridades y ante los magistrados, y los acusaron de perturbación del orden público.

Pablo y Silas fueron condenados, azotados y luego encarcelados, con los pies encadenados. Tenían la espalda magullada, sangrando y ambos tenían dolor en todo el cuerpo. Pero no penséis que se quedaron ahí en prisión lamentándose y quejándose... ¡No, en absoluto!

Está escrito que alrededor de la medianoche Pablo y Silas cantaban alabanzas a Dios. Note que no se lamentaban ni se quejaban de que Dios permitiera que los encarcelaran. Pero dice que estaban orando y cantando alabanzas a Dios, y los demás presos los escuchaban. Está escrito así:

"Y alrededor de medianoche,
Pablo y Silas oraron y cantaron himnos a Dios,
y los demás presos los escuchaban."
— Hechos 16:25 —

Fue Lucas quien escribió esto. El libro de los Hechos de los Apóstoles fue escrito por el médico Lucas. Esta es la misma persona que escribió el Evangelio de Lucas.

Pero Lucas olvidó mencionar aquí que además de los prisioneros que escuchaban a Pablo y Silas cantar alabanzas, había Alguien más. Había Alguien más escuchando: ¡el Dios Altísimo! ¿Y qué ocurrió?

"Entonces fue hecho de repente un gran terremoto,
de tal manera que los cimientos de la cárcel se movían;
y luego todas las puertas se abrieron,
y las prisiones de todos soltaron."
— Hechos 16:26 —

Conclusión: **Paulo y Silas fueron liberados de la cárcel mientras alababan al Señor.**

Cuando estamos dentro de la voluntad divina, no tenemos que preocuparnos por nada. Pase lo que pase, podemos tener una certeza: La lucha no es nuestra, sino de Dios.

Fue con esta certeza que Pablo y Silas, incluso en prisión, en lugar de lamentarse, cantaron alabanzas. Y la alabanza nos acerca a Dios.

NUESTRAS PREOCUPACIONES, ANSIEDADES Y TEMORES ANULAN NUESTRA ORACIÓN

Hay momentos en los que necesitamos aprender a descansar en el Todopoderoso, a simplemente confiar en Su Palabra y dejar que Él obre a nuestro favor.

El apóstol Pedro dijo que tenemos que echar todas nuestras ansiedades en el Señor, porque Él cuida de nosotros. Esto está escrito en (1 Pedro 5:7). Nuestras inquietudes, nuestros miedos, y nuestra falta de confianza anulan la oración. Porque estos sentimientos son contrarios a la fe, a la perfecta confianza en Dios y a la certeza de que Él es poderoso para cumplir su Palabra.

Jesús dijo:

"Venid a mí todos los que estáis cansados,
oprimidos y agobiados, y yo os haré descansar."
— Mateo 11:28 —

Y muchas veces la persona va a Jesús, ora, le entrega la carga, pero sólo le da la carga durante el tiempo que está orando. Cuando termina la oración, ¿qué hace? Ella toma la carga de nuevo. Es decir, la persona tiene un problema, ora, dice que pone el problema en las manos de Dios, pero cuando termina de orar, ella sigue preocupada... la preocupación no desapareció. Entonces, en otras palabras, la persona no entregó la carga a Dios. Ella sigue cargando con la carga.

La persona no consigue desconectarse del problema; continúa preocupada... Esta persona desperdició su oración. ¿Lo entiendes?

Si cuando tienes algún problema, oras a Dios, pones el problema en Sus manos, terminas la oración y sigues pensando en ese problema, continúas preocupándote por eso, has cancelado tu oración. Tu oración fue en vano porque no hiciste lo que Jesús dijo.

Él dijo:

"... todo lo que pidas orando,
cree que lo recibirás y lo tendrás."
— Marcos 11:24 —

Si oré y creí, ¿por qué debería preocuparme ahora? ¡No, se acabó! Se ha hecho. Está resuelto... Ya no tengo de qué preocuparme. Pero la persona no cree... Si hubiera creído, no habría seguido preocupándose. Al contrario, se alegraría por la bendición que recibió.

En el segundo libro de Crónicas, en el capítulo 20, tenemos un ejemplo de fe, un ejemplo de cómo debemos confiar en las Palabras del Señor, y usarlas a nuestro favor cada vez que nos enfrentamos a un gran desafío, un desafío que nunca podría lograrlo solo.

Vale la pena citar este extracto aquí. Dice así:

*"Y aconteció después de esto, que los hijos de Moab,
y los hijos de Amón, y con ellos otros de los amonitas,
vinieron a pelear contra Josafat. Entonces vinieron algunos,
y avisaron a Josafat, diciendo: "Una gran multitud
viene contra ti desde más allá del mar y desde Siria;
y he aquí, ya están en Hazazom-Tamar, que es En-Gedi."*

*Entonces Josafat tuvo miedo y comenzó a buscar al Señor,
y proclamó ayuno en todo Judá. Y Judá se reunió
para pedir ayuda al Señor; También vinieron
de todas las ciudades de Judá para buscar al Señor.*

*Y Josafat se puso en pie en la congregación de Judá y Jerusalén,
en la casa del Señor, delante del atrio nuevo. Y él dijo:
"¡Ah! Señor Dios de nuestros padres, ¿no eres tú
Dios en los cielos? ¿No eres tú el que gobierna
sobre todos los reinos de las naciones? En tu mano
hay fuerza y poder, y no hay nadie que pueda resistirte.*

*Oh Dios nuestro, ¿no expulsaste a los habitantes de esta tierra
delante de tu pueblo Israel, y no lo diste para siempre a la
descendencia de Abraham, tu amigo? Y habitaron en ella, y te
edificaron en ella santuario a tu nombre, diciendo: Si nos
sobreviene algún mal, espada de juicio, pestilencia o hambre, nos
presentaremos delante de esta Casa, y delante de ti, porque tu
Nombre está en esta Casa, y a ti clamaremos en nuestra angustia,
y tú nos oirás, y nos librarás. Ahora, pues, he aquí los hijos de
Amón y de Moab, y los del monte de Seir, por los cuales no quisiste
que pasase Israel cuando venían de la tierra de Egipto,*

sino que se apartasen de ellos, y no los destruyesen;
he aquí ellos nos dan el pago, viniendo a echarnos de tu posesión,
que tú nos diste que poseamos.

¡Oh Dios nuestro! ¿No los juzgarás tú?
Porque en nosotros no hay fuerza contra tan grande multitud
que viene contra nosotros; no sabemos lo que hemos de hacer,
mas a ti están puestos nuestros ojos."

Y todo Judá estaba en pie delante del SEÑOR, con sus niños, y sus mujeres, y sus hijos. Entonces el Espíritu del Señor vino en medio de la congregación sobre Jahaziel, hijo de Zacarías, hijo de Benaía, hijo de Jeiel, hijo de Matanías, levita, de los hijos de Asaf, y dijo: "Oíd, todo Judá, y vosotros, habitantes de Jerusalén, y tú, rey Josafat; Así os dice el Señor: No temáis ni os amedrentéis delante de esta tan grande multitud; porque la batalla no es vuestra, sino de Dios. Mañana descenderéis contra ellos; he aquí que ellos subirán por la cuesta de Sis, y los hallaréis junto al arroyo, antes del desierto de Jeruel. En esta batalla no tendrás que pelear; levanten, queden parados, y ved la salvación del Señor entre vosotros, oh Judá y Jerusalén. No temáis ni desmayéis; salid mañana contra ellos, que el SEÑOR será con vosotros."

Entonces Josafat cayó rostro en tierra, y todo Judá y los habitantes de Jerusalén se postraron delante del Señor, adorándolo. Y los levitas de los hijos de Coat y de los hijos de Coret se levantaron para alabar a Jehová Dios de Israel en alta voz. Y se levantaron muy de mañana y salieron al desierto de Tecoa; y mientras ellos salían, Josafat se levantó y dijo: "Oídme, oh Judá, y habitantes de Jerusalén: Creed al SEÑOR vuestro Dios, y seréis seguros; creed a sus profetas, y seréis prosperados."

*Y habido consejo con el pueblo, puso a algunos que cantasen al
SEÑOR, y alabasen en la hermosura de la santidad, mientras que
salía la gente armada, y dijesen: "Confesad al SEÑOR,
porque su misericordia es para siempre."*

*Y cuando comenzaron a cantar y a alabar, el Señor puso a los hijos
de Moab y los del monte de Seir para que asechasen a los hijos de
Amón, que venían contra Judá, y se mataron los unos a los otros.
Y los hijos de Amón y Moab se levantaron contra los del monte de
Seir, para matarlos y destruirlos; y cuando hubieron acabado a los
del monte de Seir, cada cual ayudó a su compañero a matarse.*

*Y cuando vino Judá a la atalaya del desierto,
miraron por la multitud; y helos aquí que estaban tendidos
en tierra muertos, que ninguno había escapado."*
— 2 Crónicas 20:1-24 —

Vea que cuando el rey Josafat oró clamando a Dios para
que librase al pueblo de mano de los amonitas y moabitas que
vinieron contra ellos, Dios le respondió por medio de Jahaziel.

Entienda que muchas veces oras y la respuesta de Dios
llega a través de otra persona. Dios envía a alguien para hablar
una Palabra, la cual es la respuesta para ti.

Los amonitas y los moabitas se unieron para venir y
destruir a todo el pueblo de Judá y Jerusalén. Y Josafat,
sabiendo que éstos eran muchísimos, mucho más de lo que
eran capaces de luchar, tuvo miedo y oró clamando a Dios para
que los librase de las manos de sus enemigos. De lo contrario
serían completamente aniquilados.

Y Dios entonces dio la respuesta por medio de Jahaziel,
diciendo que no se preocupasen, porque la batalla no era de
ellos, sino de Dios, y que en esta lucha no tendrían que pelear...
Sólo debían ir y ver la liberación que Dios les daría.

E inmediatamente Josafat y todo el pueblo de Judá creyeron y se regocijaron en la Palabra del Señor, que vino por medio de Jahaziel, y se postraron delante del Señor y lo alabaron.

Jahaziel simplemente fue y le contó al rey lo que Dios le había ordenado: *"Mira rey, el Señor te dijo que no te preocupes, porque esta lucha no es tuya, sino de Dios."*, y Josafat simplemente creyó la Palabra, y no se preocupó más.

¡Así es como tienes que actuar! Cuando estés teniendo algún problema, si lees una Palabra en la Biblia, o escuchas la predicación, y esa Palabra habló a tu favor, CREAS, porque sucederá.

Pero si lo dudas, lo has perdido todo. Como está escrito, *"mis justos vivirán por la fe"*, y no por lo que ven los ojos. Los ojos de Josafat vieron que un ejército mucho mayor que el suyo venía a destruirlos. Pero él creyó la palabra que pronunció Jahaziel, *"no te preocupes porque esta lucha no es tuya, sino de Dios."*.

¿Y qué hizo Josafat? ¿Continuó preocupado? No! Él creyó, y luego ordenó a todo el pueblo que adorasen a Dios y cantasen himnos de alabanza, y Dios los liberó, sin que tuviesen que pelear.

Ojalá todos actuasen así. No habría ningún mal que pudiera enfrentarlos. Pero, ¿qué sucede? Si a un enfermo le dices que puede levantarse de su lecho porque Jesús ya tomó sobre sí sus enfermedades, en el momento él hasta finge creer, pero lejos de su presencia sigue aflicto por la enfermedad, y no se cura, porque no creyó a la Palabra. ¿Y sabes cuándo se curará? Sólo cuando comprender lo que dice Dios. **Sólo cuando entender que Dios actúa a través de la fe.**

La cosa puede ser grave. Todo puede estar apuntando para lo peor. Pero si realmente confías en lo que Dios dice, verás la solución a tu problema, sea cual sea.

¿Y cómo nos habla Dios? Háblanos a través de la Palabra, a través de la Biblia. Puede ser cuando estás leyendo, y puede ser cuando una persona te predica la Palabra. La Palabra que Dios te hace entender es Dios hablándote. ¡Crea!

Cuando Josafat recibió la noticia de que los amonitas y moabitas venían contra ellos para exterminarlos de la faz de la tierra, tuvo miedo. Pero cuando entendió que Dios era quien pelearía, entonces reunió al pueblo y dijo lo siguiente:

"Creed al SEÑOR vuestro Dios, y seréis seguros;
creed a sus profetas, y seréis prosperados."
— 2 Crónicas 20:20 —

¿Quién sabe que esta Palabra hoy no es para ti, para tu corazón?

"Y habiendo consultado con el pueblo, nombró cantores
para el Señor, para alabar a la Santa Majestad,
saliendo delante de los hombres armados, y diciendo:
"Alabad al Señor, porque para siempre es su misericordia."

Y cuando comenzaron a cantar y a alabar,
el Señor puso emboscadas contra los hijos de Amón
y de Moab, y contra los de las montañas de Seir,
que habían venido contra Judá, y fueron desbaratados."
— 2 Crónicas 20:21-22 —

¡El enemigo se desespera! El enemigo se desespera ante nuestra confianza en Dios. Él se pierde, se confunde, entra en pánico, huye aterrorizado... ¿Por qué? ¡Porque esta es la promesa de Dios para todos aquellos que creen en Él y hacen lo que Él enseña!

"Y sucederá que si oyeres la voz del SEÑOR tu Dios, cuidando de guardar todos sus mandamientos que hoy te ordeno, el SEÑOR tu Dios te exaltará sobre todas las naciones de la tierra. (...) El SEÑOR entregará, heridos delante de ti, a tus enemigos que se levantaren contra ti; por un camino saldrán contra ti, pero por siete caminos huirán de tu presencia."
— Deuteronomio 28:1 e 7 —

Y mira lo que dijo el salmista en el Salmo 77:

"Las aguas te vieron, oh Dios, las aguas te vieron y temblaron; también se estremecieron los abismos."
— Salmos 77:16 —

Fue Asaf quien escribió el Salmo 77. Él dijo que mientras se preocupaba y se quejaba de su situación, su espíritu desfallecía. Asaf no tenía paz, no dormía. Estaba perturbado...

Pero cuando empezó a recordar las grandes obras del Señor en el pasado, de sus grandes hazañas y maravillas, y cómo Dios había librado al pueblo tantas veces, él se calmó. Y en el versículo 16 dijo: *"Las aguas te vieron, ¡oh Dios! Las aguas te vieron y temblaron; también se estremecieron los abismos."*

En el sentido bíblico, las aguas y el mar simbolizan el mundo espiritual. Cuando los demonios te ven invocando al Señor, ellos tiemblan. El infierno entero se estremece ante la presencia del Todopoderoso. El enemigo cae al suelo y pierde la batalla cuando ejercitamos nuestra fe en Dios. Todo lo que necesitas hacer es ser fuerte en la fe.

Cuando el diablo le presentar una preocupación, rechace inmediatamente. Dile: "*¡No tengo este problema!*"

"... mi justo vivirá por la fe;
y si retroceder, mi alma no se complace en él."
— Hebreos 10:38 —

¡Así que, desde hoy en adelante, coloca en tu corazón el propósito de vivir por fe! Determina esto: "*¡Viviré por la fe! Voy a practicar la Palabra. ¡Lo que aprendí en las Sagradas Escrituras, así es como voy a actuar, y así es como lo voy a hacer!*", y entonces verás lo que sucederá.

Jesús dijo:

"¡Todo es posible para el que cree!"
— Marcos 9:23 —

Ahora, para terminar, quiero dejarte un versículo de la Biblia en el que deberías meditar. ¡Sí, es para que medites! Márcalo en tu Biblia y escribe este versículo en una hoja de papel, y cada vez que ores, ¡recuérdalo! Dice así:

"Porque en cuanto al Señor,
sus ojos contemplan toda la tierra,
para revelarse poderoso a aquellos
cuyo corazón es perfecto para con Él."
— 2 Crónicas 16:9 —

¡Hermano mío, hermana mía, tened vuestro corazón perfecto para con Dios! El Señor ve todo. Él sabe todo sobre nosotros. Y aquí dice que Él se muestra fuerte para con aquellos cuyo corazón es perfecto para con Él.

Así que preste atención para no equivocarte. Porque no dice que Dios sólo servirá a personas perfectas, ¡no! Está diciendo que Dios es fuerte con aquellos **cuyo corazón es perfecto para con Él**.

Mira bien: Aunque hasta ahora hayas hecho las peores cosas del mundo, si en ese momento abres tu corazón, confiesas tus errores a Dios, te arrepientes de verdad, pides misericordia, Él te escuchará, Él te perdonará, y Él se mostrará fuerte y poderoso para con usted, para librarlo de todo sufrimiento y de toda opresión maligna.

Un corazón perfecto es aquel corazón que es sincero con Dios, que no intenta tapar los errores, sino que reconoce sus defectos y busca la ayuda de Dios para liberarse de ellos. ¡Tenga tu corazón perfecto para con Dios!

ORACIÓN DE LA FE

¿Vamos a orar?

— *Señor Dios, grandes y maravillosas son tus obras.*

— *Justos y Verdaderos son tus caminos, oh Rey de reyes y Señor de señores.*

— *¿Quién no te temerá, oh Señor? ¿Quién no engrandecerá tu Nombre?*

— *¡Porque sólo tú eres Santo!*

— Por eso todos los pueblos vendrán a ti, y se postrarán delante de ti a tus pies, porque tus juicios son manifiestos.

— Señor, Dios mío, Padre mío, estoy ahora ante ti en oración por todas estas personas que han leído y leerán este libro. Y yo intercedo por ellos.

— Hoy ella está ante tu rostro diciendo: "¡Señor, ayúdame!"

— Padre, oro por esta persona que está pasando por una tribulación, por esta que está enfrentando una crisis muy grave, por esta persona que está en medio de una inmensa tormenta, donde la furia de los vientos infernales están devastándola.

— Oro por esta, que está desesperada, que ya no sabe qué hacer para resolver su situación.

— ¡Oh Dios mío, ven y rodea a esa persona con tu Presencia!

— Esa que ahora mismo busca tu faz.

— Y Padre, te lo pido, y te lo pido porque sé que nunca abandonarás los que te buscan.

— Sí, en ti confían todos los que conocen tu Nombre, porque tú, Señor, nunca abandonas a los que te buscan.

— Entonces, Dios mío, envía tu poder ahora, para destruir toda obra del infierno en la vida de esa persona.

— En el Nombre de Jesús paralizo ahora toda obra maligna en tu vida. ¡Deshago toda brujería, toda magia, todo trabajo hecho, y ato todo espíritu del infierno, causador de sufrimiento y de enfermedad, que ha atacado esta vida, y les ordeno que salgan de allí ahora en el Nombre de Jesucristo!

— Y ordeno a este entumecimiento en la mano izquierda, a este dolor de espalda, dolor en la columna, el problema en la garganta, el problema en la boca, la flema, la boca seca, la debilidad, el bamboleo en las piernas, la infección, la inflamación, el problema en los nervios, en los músculos, en la sangre, ¡sal de ahí en el Nombre de Jesús!

— ¡Tú, espíritu de esta enfermedad auto-inmune, tú que te has estado alimentando del organismo de esta persona, estás atado en el Nombre de Jesús!

— A ti que te dieron un trabajo, en la selva virgen, en el cementerio, en las cataratas, en las encrucijadas, para entrar en la vida de esa persona y acabar con su felicidad, ¡en el Nombre de Jesús tu obra está deshecha!

— ¡Yo paralizo tu acción!

— ¡Yo deshago tu obra!

— ¡Te destruyo microbio, virus, bacteria, en el Nombre de Jesús!

— ¡Pongo fin a tu acción y a tu trabajo! ¡Tu maldad ha sido deshecha!

— ¡Abandone esta vida, en el Nombre de Jesucristo!

— *Padre, declaro que este cuerpo, que esta persona que oró conmigo, está sanada, liberada y bendecida, para tu gloria y tu alabanza, en el Nombre de Jesús.*

— *¡Que así sea!*

Ahora levante tus manos al cielo porque invocaré la protección de Dios sobre usted. Te bendigo diciendo:

— *Que el Señor te escuche en tu oración y te envíe la ayuda que necesitas.*

— *Que el Dios y Padre de nuestro Señor Jesucristo te fortalezca y te conceda según Su corazón, y cumpla en usted Su voluntad.*

— *El Señor te bendiga y te guarde.*

— *El Señor haga resplandecer su rostro sobre ti y tenga misericordia de ti.*

— *El Señor, alce sobre ti su rostro y te dé la paz.*

— *Diga: ¡Que así sea!*

— *¡Gracias a Dios!*

Epílogo:

Bueno, hemos llegado al final de este libro y me gustaría saber qué tienes para decir sobre esta obra, y si fue beneficioso para usted. No dude en enviar sus comentarios por correo electrónico a:

editora@entendaabiblia.com

Recuerde mencionar su nombre, la ciudad y el país en el que reside, y proporcione el título o ISBN de este libro.

Y, si te gustó este contenido, recuerde también que Cristo nos dio a todos la misión de ir a predicar el evangelio a toda criatura (Marcos 16:15-18).

Existen innumerables maneras de cumplir esta misión, ya sea a través de la predicación directa, presencialmente o de boca en boca, o de forma indirecta, haciendo que mensajes como el de este libro lleguen cada vez a más personas.

Por lo tanto, si este estudio te resultó útil, no olvides compartir en tus redes sociales que leíste este libro y te gustó, y recomendarlo a tus familiares, amigos y conocidos.

Si nuestro Creador te ha bendecido con abundantes recursos económicos, y el dinero para ti no es un obstáculo sino una solución, considere la posibilidad de contribuir económicamente a la distribución de este libro, de donar libros a personas que estén a tu alcance, o de colaborar con esta obra de alguna manera. Ore a nuestro Padre Celestial y Él te dará la dirección correcta.

Todos, en un momento u otro, atravesamos situaciones difíciles en la vida. Y Jesús dijo que en el mundo tendríamos aflicciones. Sin embargo, es en medio de la gran adversidad que descubrimos dónde estamos, ya sea sobre la Roca, que es Jesús — la Palabra de Dios —, o sobre la arena.

Y lamentablemente muchas personas están construyendo los pilares de su vida sobre arena, sobre cosas vanas, sobre conocimientos falsos, sobre doctrinas mentirosas y pervertidas que son enseñadas por las más diversas religiones, y no sobre la Verdad. Tales personas no están prestando atención a la advertencia que el apóstol Pablo dio a la iglesia de Cristo en su carta a Timoteo, por inspiración del Espíritu Santo, diciendo:

"Pero el Espíritu dice expresamente que en los últimos tiempos algunos apostatarán de la fe, escuchando espíritus engañadores, y a doctrinas de demonios; por la hipocresía de hombres que hablan mentiras, teniendo cauterizada su propia conciencia..."
— 1 Timóteo 4:1-2 —

Corresponde a cada uno de nosotros, llamados, elegidos y fieles, llevar a nuestros semejantes el conocimiento de la Palabra genuina de nuestro Dios.

Por último, que la bendición del Altísimo sea contigo, y recuerde consultar nuevos libros en nuestro sitio web:

www.EntendaABiblia.com

Con los mejores saludos,

Samuel F. Zimmermann

Coautor de esta obra, al servicio de nuestro Padre Celestial, para honra y gloria de nuestro Señor y Salvador, ¡Jesucristo, REY de reyes y SEÑOR de señores!